THE FRONTIER OF FUNDAMENTAL INFORMATICS
Can Artificial Intelligence Live in its Own World?

基礎情報学のフロンティア
人工知能は自分の世界を生きられるか？

西垣 通——[編]

東京大学出版会

THE FRONTIER OF FUNDAMENTAL INFORMATICS:
Can Artificial Intelligence Live in its Own World?
Toru NISHIGAKI, Editor
University of Tokyo Press, 2018
ISBN 978-4-13-056116-7

まえがき

　基礎情報学は，"情報"という概念を根底からとらえ直すことを目的として，東京大学大学院情報学環（以下，情報学環と略称）の西垣研究室を中心に誕生した新しい学問分野である．第1章で詳述するが，そこではネオ・サイバネティクスとくにオートポイエーシス理論にもとづき，21世紀情報社会を支える諸概念を明確に位置づけていくことがめざされている．

　情報というととかくコンピュータに直結され，クロード・シャノン（Claude Shannon）の情報理論がベースと思われがちだ．だが，テクノロジーが人間社会に応用されていく際には情報の意味解釈が重要になるので，機械的な通信や計算に関するシャノン流の議論だけではどうしても不足なのである．このことは，2010年代に入って再び到来した人工知能ブームとともに一層顕在化してきた．なぜなら，人工知能技術においては，コンピュータやロボットがあたかも自律性をもつかのように振る舞うため，従来の工学的アプローチをこえ，人間や社会についての文理融合型の思考が不可欠となってくるからである．

　このような周囲状況のなかで，2013年春に編者が情報学環を定年退職し東京経済大学コミュニケーション学部に転出した後も，基礎情報学の研究は「ネオ・サイバネティクス研究会」というかたちで継続されてきた．この研究会は主に東京経済大学で開催されているが，そこには同大学や情報学環の関係者だけでなく，この分野に興味をもつ外部の教員や研究者も少なからず参加している．

　研究会活動の甲斐あって，基礎情報学の記述は，日本学術会議から2016年3月に公表された情報学分野の参照基準に「情報一般の原理」として採用された．これは文部科学省の要請をうけ，日本学術会議が大学の学部教育の質を保証するために参照すべき基準をさだめる体系のなかの，情報学分野における報告書であり，正式名称は，日本学術会議（編）「大学教育の分野別質保証のための教育課程編成上の参照基準：情報学分野」である（http://www.scj.go.jp/

ii

ja/info/kohyo/pdf/kohyo-23-h160323-2.pdf).やがて,文理融合型の情報学が国内外の情報教育に広まっていくことは確実だろう.

本書は,以上のような背景のもとに,基礎情報学の最新の研究成果をまとめたものである.2014年に東京大学出版会から刊行された『基礎情報学のヴァイアビリティ——ネオ・サイバネティクスによる開放系と閉鎖系の架橋』では,基礎情報学の意義や本質,有用性,ネオ・サイバネティクスにおける位置づけなどを,おもに若手研究者が中心になって考察した結果をのべた.人工知能が発展しインターネットがコミュニケーションの中心になりつつあるいま,生命知と機械知をめぐる基礎情報学への問いかけはますます緊急性を増しつつある.そこで本書ではさらに一歩を進め,ネオ・サイバネティクス研究会の議論をもとに,具体的な諸問題にたいして理論と実践の両面から迫る学術書をめざした.たとえば,基礎情報学の思弁的側面と社会心理学の実証的側面との連携は大きな焦点となってくる.

第1章では,20世紀後半に生まれたネオ・サイバネティクスの概要や狙いを,人工知能などの現代技術がはらんでいる諸問題との関連においてまとめた.この章は,それ以降の章の導入部をなしている.第2章と第3章は,社会心理学のこれまでの研究知見と理論モデルをふまえ,さらに実際の調査データを駆使して,社会と個人の関係を論じている.第2章ではとくに個人の信念と行動,それらが与える社会的影響などの議論が展開される.また第3章では,社会調査の方法論にもとづくデータ分析により,いわゆる第三者効果などに関する研究成果をまとめた.これらは,基礎情報学関連の従来の研究には無かった新しい視角からの議論であり,きわめて興味深いものに他ならない.

第4章は,基礎情報学特有の概念である階層的自律システムにおける視点移動というモデルを用いて,情報倫理という社会的課題に正面から切り込んだ意欲作である.また,第5章は個人の行動を通じてどのような自己が意味形成されるかを,独自の工学的な実験を通じて探った論文である.これらはともに,基礎情報学の実践的応用につながる有意義な研究成果といえるだろう.

一方,第6章と第7章は,基礎情報学の文学的／理論的な深化をめざす論文である.第6章は「生命にとって価値のあるもの」という情報の定義が,単なる表面的な利害得失ではなく,「生命の燃焼」というより高次元の哲学的概念

につながることをのべている．また第7章は自律性に関わる開放／閉鎖の概念を，情報的な開放／閉鎖と物質的な開放／閉鎖という二つの基軸で整理することにより，"人間＝機械"複合系を精緻に分析するためのモデルを提示している．いずれの論文も，きわめて知的刺激にみちたものである．

　最後の第8章では，21世紀の新しい哲学である思弁的実在論の観点から基礎情報学をとらえ直した．人工知能などの情報技術とは異なり，観察記述をおこなう主体の主観性を重視するのが基礎情報学である．この章では，はたして思弁的実在論により主体ぬきの客観的議論が可能になるのか否かが問われることになる．

　以上が本書のおよその構成である．繰り返しになるが，情報社会における鍵概念は単にコンピュータ処理の効率だけではない．したがって，情報をめぐる人文社会科学的な省察は今後ますます必要性を増していくだろう．読者諸賢にとって，本書が情報社会の深層を洞察する一助となれば幸甚である．

　最後に，本書をまとめるにあたり，東京大学出版会編集部の依田浩司氏と後藤健介氏に大変お世話になった．ここに謝意を表したい．さらに，本書の刊行が東京経済大学からの助成をうけておこなわれたことを，感謝とともに記しておく．

2018年4月

西垣　通

基礎情報学のフロンティア
人工知能は自分の世界を生きられるか？——目　次

まえがき（西垣 通） i

第1章 観察, 創発, 意識, そして人工知能

本書の導入にかえて ―――――――――――――― 西垣 通 1

1. ネオ・サイバネティクスとは何か 3
2. 生命的創発 8
3. 自我意識と人工知能 11

第2章 社会システム・心的システム観察の二重性

社会心理学からの接近 ――――――――― 柴内康文・北村 智 17

1. 観察する心理過程自体の二重性 21
2. 自己という心的システムの二重性 22
3. 自己と社会の観察の二重性 24

第3章 基礎情報学と社会調査研究の架橋可能性

社会心理学的メディア研究の視点からの接近 ―― 北村 智・柴内康文 35

1. はじめに 37
2. 社会心理学的研究の実践における観察記述としての調査法 37
3. 基礎情報学からみる調査法 41
4. 質問紙法を用いた研究の実践 47
5. おわりに 56

第4章 ビッグデータ型人工知能時代における情報倫理

個人的次元／社会的次元の峻別と二重性に着目して ――――― 河島茂生 59

1. はじめに 61
2. 概念装置 63
3. 視点移動の操作による倫理的課題の整理 66
4. 人工知能をめぐる倫理的課題 69
5. 結 論 77

目次　vii

第5章　ウェルビーイングの構成要因と情報技術による介入
基礎情報学的視点からの検討 ──────────── 渡邊淳司　81

1. はじめに　83
2. 情報技術の普及と人間の心的状態への影響　83
3. ウェルビーイングとは何か　86
4. 基礎情報学的観点の導入　88
5. ウェルビーイング構成要因の分類と介入　91
6. おわりに　101

第6章　情報の基としての贈与
「生命力中心主義」の情報論 ──────────── 大井奈美　105

はじめに──「生命中心主義」の情報論の意義を再考する　107
1. 自分を守ることではなく与えること　109
2. 頭ではなく生命力こそが第一で中心的なもの　113
3. 環境を整えるために　121
おわりに──「生命力中心主義」の情報観へ　134

第7章　階層的自律性の観察記述をめぐるメディア・アプローチ
────────────────── 原島大輔　137

1. 序──汝自身の知行合一　139
2. 他律性と非律性と自律性と階層的自律性　141
3. 階層的自律性（社会的自律性）の観察記述　148
4. 生命的組織としての"人間─機械"複合系へのメディア・
アプローチ　153

第8章　人工知能は自分の世界を生きられるか
思弁的実在論からの考察 ──────────── 西垣　通　159

1. 生命体と機械を統べるルール　161
2. メイヤスーの思弁的実在論　165
3. 思弁的実在論は汎用人工知能の根拠となるか　171
4. 絶対不可知という闇　175

執筆者紹介　181／索引（人名・事項）　183

第 1 章 観察, 創発, 意識, そして人工知能

本書の導入にかえて

西 垣　　通

1. ネオ・サイバネティクスとは何か

1.1 二つのパラダイム

基礎情報学（Fundamental Informatics）は，ネオ・サイバネティクス（neo-cybernetics）という学問潮流の一角をなしている（西垣・河本・馬場, 2010；Clarke & Hansen, 2009b）．本書への導入として，まずその沿革や位置づけ，特徴などを簡潔に述べておきたい．情報科学が1940〜50年代に誕生したとき，生命体と機械をめぐって，「自律システム（autonomous system）」と「他律システム（heteronomous system）」という対照的な二つのシステム論的アプローチが出現した．前者と後者の指導的役割を担ったのはそれぞれ，米国の大数学者ノーバート・ウィーナー（Norbert Wiener）とジョン・フォン・ノイマン（John von Neumann）である．ウィーナーはサイバネティクスという一種の総合学問を提唱し，そこから，フィードバックにもとづく統計的な制御工学理論が発展するとともに，情報やメッセージが飛び交うサイバー空間という社会的通念が広まっていった．一方，フォン・ノイマンはプログラム内蔵方式の論理計算機械であるデジタル・コンピュータの設計理念をまとめあげ，それが現在のコンピュータ社会の扉を開いたのである．両者の影響はいずれも甚大だが，少なくとも情報技術の実用的応用という面に関する限り，生物哲学者フランシスコ・ヴァレラ（Francisco Varela）が示唆するように，後者が支配的だったと言ってよい（Varela, 1989: 223）．一般常識では，情報社会とはコンピュータ社会に他ならないのである．

前者においては，自律性をもつ生命体は必ずしも機械と一致しないが，後者においては，人間を含む生命体もプログラムのような明示的かつ他律的なルールにしたがって機械的に作動する論理構造体と見なされる．後者のような考え方を「情報処理パラダイム」と呼ぶとすれば，これを21世紀の基本思想として位置づける社会的傾向はきわめて強い．情報処理パラダイムがもたらすのは一種の人間機械論である．2010年代後半に入っていわゆる第三次人工知能ブームが到来し，脳の作動メカニズムをコンピュータ上で再現することで人間のあらゆる思考を模擬できるという汎用人工知能（artificial general intelligence），

さらに人間をしのぐ知的活動を実現できるという超人工知能（artificial super intelligence）の夢想が盛んに語られているが，これらはまさに，このような情報処理パラダイムを根拠にして出現するのである（第三次人工知能ブームの内容については第8章を参照）．

しかしながら，ここで，さまざまな理論的／実践的な難問が浮上してくる．身体をもち論理的矛盾をふくむ人間の思考を論理計算機械であるコンピュータが模擬できるのか，そもそも原理的に，人工知能ロボットは自我意識や自由意思をもちうるのか，人工知能ロボットが老人介護中に事故を起こしたり投資判断で損失を出したりしたら，責任は誰がとるのか，などといった類いである．これらの難問に対しては，フォン・ノイマンの論理計算的なアプローチよりむしろ，ウィーナーのサイバネティカルなアプローチが有効性を発揮する．フォン・ノイマンは世界における可知の論理的地平で精緻な計算手段を探究したが，ウィーナーは世界の不可知性に統計／確率という手段で対処し，生命体が安定して存続するための方途を探究したからである．したがって，21世紀においては，他律システムを扱う情報処理パラダイムのみならず，自律システムに着目する「サイバネティック・パラダイム」の検討が不可欠になってくる（第8章でのべるが，第三次人工知能ブームの中枢概念は論理処理よりむしろ統計処理に他ならない．西垣（2016））．

ただし，ウィーナーの古典的なサイバネティクスにおいては，自律システムの概念が未だ不分明であり，他律システムとの境界はあいまいだった．ウィーナーの意図に反して，サイバネティクスが人間機械論の理論だと誤解された原因はここにある（西垣，2010）．システムの自律性概念を明確にして真のサイバネティック・パラダイムを確立したのが，まさに1970年代以降に現れた「ネオ・サイバネティクス」であったことを強調しなくてはならない．ネオ・サイバネティクスとは一種の総称であり，そこにはわれわれの研究している基礎情報学のみならず，ハインツ・フォン・フェルスター（Heinz von Foerster）の「二次（second-order）サイバネティクス」，ウンベルト・マトゥラーナ（Humberto Maturana）とヴァレラの「オートポイエーシス理論」，ニクラス・ルーマン（Niklas Luhmann）の「機能的分化社会理論」，エルンスト・フォン・グレーザーズフェルド（Ernst von Glasersfeld）の「ラディカル構成主義心理学」，ジ

ークフリート・シュミット（Siegfried Schmidt）の「文学システム論」，河本英夫の「システム現象学」など，注目すべき諸理論が含まれる．これらは理工学，生物学，社会学，心理学，文学，身体論，情報学など，分野も内容も多岐にわたるが，中核部分は共通している．

1.2 二次サイバネティクス

とりわけここで特筆されるのは，1970 年代に，物理学者フォン・フェルスターが二次サイバネティクスを提唱してネオ・サイバネティクスの第一歩を切り拓いたという点である（橋本, 2010）．「二次」とは，「二次観察」すなわち「システムによる観察という行為を，さらに観察する」ことから来ている．ネオ・サイバネティクスの諸学問をつらぬくのは，この「二次観察」という概念に他ならない（ウィーナーの古典サイバネティクスを，これに対し「一次サイバネティクス」と呼ぶこともできる）．

しばしば，古典サイバネティクスが「（外側から）観察された（observed）システム」を扱うのに対し，ネオ・サイバネティクスは「（内側から）観察する（observing）システム」を扱う，と言われる．素朴実在論のもとで唯一の客観世界を仮定すれば，生命体も機械と同様にその作動のありさまを俯瞰的な視点から，つまり外側から観察できる．このとき，生命体と機械を区別する根拠は希薄となり，両者とも，システムの入力データと作動ルールを精密に分析して挙動を予測できるはず，ということになる．とはいえ実際には，機械の作動ルールは人間が設計したものなので既知であるが，生命体の作動ルールにはどうしても未知な部分が残り，そこは推測する他はない．したがって，内側から生命体をとらえる必要性が生じるのである．ヤーコプ・フォン・ユクスキュル（Jakob von Uexküll）の環世界が示唆するように，すべての生命体は各自の知覚器官にもとづいて周囲の環境を観察しており，その観察の仕方は一様ではない．多様な観察の仕方が多様な内的秩序と作動ルールをもたらし，これにもとづいて生命体の作動が実行されるのである．だからこそ，「観察するシステム」が探究されることになる．すなわち，ネオ・サイバネティクスにおいては，古典的サイバネティクスの素朴実在論的な客観世界は払拭され，複数の視点からの多元的な主観世界によって置き換えられる．ただしネオ・サイバネテ

ィクスは，実在世界そのものを否定するのではない．人間の知覚器官を通じた
観察にもとづく限定的な論理地平を唯一の客観世界＝実在世界であると見なす
情報処理パラダイムの知的不備を批判し，より正確に実在世界へ接近する方途
を探究していくのである[1]．

　心がクオリアのような主観性をもつことは常識に合致するが，主観世界論の
欠点はそれが唯我独尊論に陥りがちなことだ．そしてまさにこの欠点を防ぐの
が，二次観察という手続きに他ならないのである．生命体による観察は，決し
て恣意的なものではない（Schmidt, 1992）．フォン・フェルスターは，システ
ムが自らの観察を再び観察するという再帰的作動を定式化した．二次観察とは
要するに，周囲環境を表象するシステムの内的秩序にもとづく作動の結果とし
て再帰的に得られる内的秩序が，安定した存在（固有値）になることを条件と
する観察手続きに他ならない（ネオ・サイバネティクスは表象主義ではないが，
本章では分かりやすくするためあえて「表象」という用語をもちいる）．大切
なのはここで，周囲環境のなかには，別の人間（生命体）のような「自分とは
異なる観察をおこなう他者」も存在し，他者との相互作用も含めて作動がおこ
なわれるという点だ．すなわち，二次観察においてシステムは，単に自らの観
察を観察するだけでなく，他者の観察からのフィードバックも引き受けるので
ある．こうして，自分勝手に世界をながめる唯我独尊的な観察を回避すること
ができる．この延長上に間主観性（inter-subjectivity）が生まれていく．

1.3　構成主義

　ネオ・サイバネティクスでは，生命体はそれぞれ自分の知覚器官にもとづく
観察により，内部で世界を主観的かつ自律的に構成するわけだ．これは，唯一
の客観世界のありさまを内部に写像した論理的地平（たとえば，脳を模擬した
人工知能モデル）を形成するという情報処理パラダイムとは全く異なる考え方
である．この「構成主義（constructivism）」は，二次観察とならんでネオ・サ
イバネティクスの特徴をなしている．繰り返しになるが，これらの多元的主観
世界のあいだでは再帰的な相互調整がおこなわれており，これを通じて実在世

1）カントによる物自体の認識不可能性の議論を参照．

第1章 観察,創発,意識,そして人工知能 7

界の姿が浮上してくると見なすことは必ずしも不自然ではない.

　二次観察や構成主義といった考え方をふまえて,生命体という存在を根底か
ら定義し直したのが,フォン・フェルスターと親交のあった生物学者マトゥラー
ナ,さらにその弟子のヴァレラによる「オートポイエーシス（autopoiesis）
理論」（Maturana & Varela, 1980）である（オートは「自己」,ポイエーシスは「制
作」を意味するので,自己創出理論と訳されることもある）.生命体はオート
ポイエティック・システム（APS/autopoietic system）であり,機械と違って
自分で自分を創りあげる.このことは,発生や進化のメカニズムからも明かだ
ろう.自分で自分を創りあげるから,生命体の内的秩序や作動ルールを外部か
ら精密に分析することは原理的に困難であり,たかだか推測する他はない.そ
れらは,自分にもとづいて自分を再帰的に構成する,自己言及的・自己準拠的
な閉鎖系なのである.一方,コンピュータや自動車のような機械は,人間によ
って設計され制作されるので,アロポイエティック・システム（allopoietic sys-
tem）と呼ばれ,開放系であって,その内的秩序や作動ルールを分析すること
ができる（アロは「他者」を意味する）.このようにして,ネオ・サイバネテ
ィクスの議論にもとづく「サイバネティック・パラダイム」のもとでは,自律
システムの特徴が明確になり,生命体は機械から峻別されることになる.人間
も機械も他律システムだと見なす情報処理パラダイムは,観察者の視点につい
ての洞察が欠けていると言わざるをえない.

　オートポイエーシス理論を社会学にとりいれたのがルーマンの機能的分化
（funktionale Differenzierung）社会論である.これは,オートポイエーシス理
論とともにネオ・サイバネティクス研究の支柱であり,21世紀の理論社会学の
なかでもっとも注目されている社会学理論に他ならない（Luhmann, 1997）.そ
こでは,生命体や人間の心などの具体的な「観察者」は背後にしりぞき,社会
システムそのものが観察をおこなっていると見なされる.すなわち,全体社会
を政治,経済,学問などさまざまな機能的観点からながめたときに発生するコ
ミュニケーションの連鎖から社会が成立しており,またそれぞれのコミュニケ
ーション連鎖が政治システム,経済システム,学問システムなどに分化して独
立に作動しているものとして,近代社会をとらえるのである.現実に社会的な
コミュニケーションを行うのは人間（生命体）なのだが,観察者を括弧にいれ

8

た抽象化により，近代社会を精緻に分析するための理論装置が構築されたと言える．

2. 生命的創発

2.1 ポストヒューマン論

　ネオ・サイバネティクスは，以上のように，コンピュータ技術がますます発達し生活に浸透していく 21 世紀において，生命体（人間）と機械の関係，また社会や文化のあり方を考える上で枢要な鍵をにぎる文理融合の学問潮流である．ただ，ここで問題となるのは，現時点における生命体と機械の異同だけではない．数十億年前の無機的な地上の自然界に，いかにして有機的な生命体が発生したのか，そしてさらに今日の人間のような自我意識をもつ存在がいかにして誕生したのか，などである．つまり，「創発（emergence)」という現象が問われてくるのである．創発とは，簡単にいえば，ある次元における存在の相互作用から，質的に異なる別次元の存在が発生する，ということだ．創発現象を問うことは，高度な情報機器との相互作用を通じて人間主体がいかに変化するか，とくにいわゆる「ポストヒューマン」誕生についての見通しを得る上で欠かすことはできない．

　文学者キャサリン・ヘイルズ（Katherine Hayles）は，『われわれはいかにしてポストヒューマンになったか』や『母はコンピュータだった』などの著書において，ネオ・サイバネティクスに対して批判的な見解を投げかけた（Hayles, 1999：2005)．再帰性にもとづく自己言及的／自己準拠的な閉鎖系は，自足した地平に円環的にとどまり続ける性格をもっており，したがって，ネオ・サイバネティックな閉鎖系モデルによって創発現象を扱うのは困難だというわけだ．そして代わりに，複雑系科学や人工知能理論などの先端的な情報科学にもとづくモデルに期待をかける．しかし，複雑系科学が物理的な創発現象を分析するのに有効なことは認めるにせよ，それがいわゆるポストヒューマンの議論に直結するとは言いがたい．なぜならポストヒューマン論においては，人間主体の意識的思考つまり情報の意味解釈の問題を避けて通れないからだ．複雑系科学や人工知能理論においては，通信工学者クロード・シャノン（Claude Shannon）の情報理論が基本になっており，そこでは情報の意味的側面は捨象されているのである．

　文学者ブルース・クラーク（Bruce Clarke）とメディア学者マーク・ハンセン（Mark Hansen）は，「ネオ・サイバネティックな創発」という論文において，ヘイルズの批判に対する厳しい反論を展開している．この論文は，ネオ・サイバネティクスという学問的な概念をきちんと位置づけた論文集として二人が編集した『創発と身体化』の巻頭論文とほぼ内容が重なっており，総括論文として画期的なものである（Clarke & Hansen, 2009a；2009b）．クラークとハンセンは，ネオ・サイバネティクスの諸理論は，「創発を支えるものとして再帰性を導入して展開することで，閉鎖性からの開放原理を一般化」するものだと主張する．つまり再帰性とは，ヘイルズの見解と異なり，周囲の外界と「たんに円環的な関係ではなくらせん状に展開する関係を結ぶこと」であり，それによって「連続する高次のレベルに，あたらしいものを創発させる」というのだ（Clarke & Hansen, 2009a=2014: 194-195）．

　創発概念はしばしば単純な存在がより複雑な存在に展開することだと見なされる．だが，それは外側からの見方であり，自律システムの内側から見れば，ルーマンが指摘したように，混沌とした未知の周囲環境の「複雑性を縮減」し，観察する世界を単純化してあらたな意味解釈のもとに組み立て直すことに他ならない．これこそ，ネオ・サイバネティクスが明らかにする創発現象の側面なのである．「ここでいう自律性概念は，実在する主体が無条件に自足している，というような，自律性をめぐる素朴な考え方に真っ向から反対する．そして，環境のうちに存在していることと生物的な（またはシステム的な）自己調整とが相関関係にあるという，逆説的現実をうかびあがらせるのだ」と，クラークとハンセンはのべる（Clarke & Hansen, 2009a=2014: 189）．このようにして，観察と創発という概念はネオ・サイバネティクスにおいて一体化していくのだ．

2.2　生物進化と意思

　ヘイルズのネオ・サイバネティクスにたいする批判は，生物的進化の観点からも決して納得できるものではない．フォン・ユクスキュルが指摘したように，生命体はいかに原始的なものであっても独自の環世界のなかで棲息しており，

この認知的自律性は，オートポイエーシス理論においてさらに精緻にモデル化されている．だが，APS（autopoietic system）が閉鎖系であり自己準拠的に作動しているにせよ，それが（習慣性をもつだけでなく）完全に円環的に同一地平にとどまり続けるならば，環境変化に対処して学習し自己変革することも困難であり，そもそも多様な種に分化する生物進化など生じようがない．約40億年の進化史を振り返れば，多細胞生物の出現はたかだか10億年前程度であり，それ以前は個々の細胞が独自に生存していた．人間は数十兆個の細胞が集まって出来上がった生命体だが，多細胞生物で各細胞が共生する理由は，そのほうが生存戦略上有利だからにすぎない（各細胞が異なる機能を分担したほうが，代謝効率もよい）．したがって基本的には，個々の細胞が生きているという事実を無視してはならないのである．そして個々の単細胞は，決して機械的に同じ作動を繰り返しているのではなく，あえて言えば「生きようとする意思」をもって周囲を観察し，自己に準拠した意味解釈をおこない，未知の環境のなかで何とか生き抜こうと自律的に作動しているのだ．確かに近代の高度な科学技術による人間社会の変容はすさまじいが，それのみを創発とみなし，他の生物は現状維持にとどまっているという考え方は古臭い人類中心主義（anthropocentricism）であり，21世紀に通用する思想ではない．あらゆる生命体の再帰的作動のもたらす根源的な創発現象に注目することで，現代科学技術のもたらす社会変容の本質が照射されることになるのである．

　生物学者団まりなは，人間主体に関連したいわゆる自由意思の基底にある「原初的意思」が細胞においてすでに出現していると考える．そして，著書『細胞の意思』のなかで，細胞を「私たち人間と同じように，思い，悩み，予測し，相談し，決意し，決行する生き物だ」と言い切るのである（団，2008: 61）．団によると「意思」とは，「ある何らかの主体が，他者によって強制されるのでなく自己の純粋な立場において，何らかの活動や思考などを想起し，行うこと」ということになる．こういった考え方とオートポイエーシス理論との共通性を指摘することは容易だろう．未知の環境のなかでシステムが自己に準拠して新たな作動を実行しているとき，それはあたかも意思をもっているように見える．そして実際，ネオ・サイバネティクスにおいて，細胞は典型的なAPSとして位置づけられるのである．団はヘッケルのように生物の個体発生過程と系統発

生（進化）過程とを関連づけ，下位レベルの単純な生命体の組み合わせで複雑な生命体が出来上がっていくという階層生物学を提唱している．下位の生命体から上位の生命体がうまれることこそ，創発現象でなくて何だろうか[2]．

3. 自我意識と人工知能

3.1 基礎情報学のねらい

　ポストヒューマンという概念は，ヘイルズだけのものではない．現代の多くの情報科学者にとって，高度に発達した現代のコンピュータ技術やネットワーク技術によって人間主体が解体されたり，さらに人間を超える知性をもつ人工知能ロボットが出現したりするという事態は，もはやサイエンスフィクションではなく，そう遠くない未来に当然のごとく生じるものだと考えられている．2045年に超人工知能が出現するというシンギュラリティ（技術的特異点）仮説（Kurzweil, 2005）は，その典型例に他ならない（これについては第8章でのべる）．人間の脳を細かく分析することで，脳と等価あるいはそれ以上の機能をコンピュータ上で実現できるという考え方がそこには見られる．これが情報処理パラダイムに依拠していることは明らかだろう．素朴実在論にもとづき，俯瞰的視点から，人間の脳や心を分析的に眺めているのだ．だがここで，「脳が脳を眺めていること」，つまり人間という限定された知覚器官をもつ生命体が外側から人間の脳や心を観察しているにもかかわらず，これを客観的観察と見なしているという隠された条件に気づくのはさして困難ではない．少なくとも，人間の心がおこなう思考を分析するとき，内側からの多元的視点を無視するなら，それは科学的態度とは言えない．こうして，サイバネティック・パラダイムに依拠した新たな考察が不可欠なものとなってくる．

　前述のように，現代のコンピュータ社会では，情報処理パラダイムは圧倒的な影響力をもっている．情報とは（0/1のデジタル信号からなる）データのことであり，人間同士のコミュニケーションはコンピュータ間のデータ通信に，そして人間の思考はコンピュータによるデータ処理に，それぞれ限りなく近い

2）ネオ・サイバネティカルな観点から団の階層生物学をとらえた議論については，西垣（2014）を参照

ものととらえられている．シャノン情報理論のもとでは，情報という概念が関わるのは基本的に，意味解釈が不要な機械的データに限定される．こうして，人間同士のコミュニケーションにおける誤解や，論理より感情に訴える思考など，意味解釈をともなう情報は，いわば宙に浮いた存在と化してしまうのである．

　しかし一方，サイバネティック・パラダイムに依拠したモデルによって意味をもつ情報を扱おうとすれば，情報は自律システムの内部で発生し，閉鎖系であるシステムの外部に出ることはできない．そこでは情報は自律システムにとって固有の「意味（価値）」と不可分だからである．とすれば，社会通念として想定されている「情報伝達」という現象をいかに扱えばよいのだろうか？　さらには，人間と情報機器が入り乱れるコンピュータ社会の様相を分析し，ポストヒューマンといった未来予測をいかに評価すればよいのだろうか？──これらの難問を解決するための議論こそ，基礎情報学に他ならない．そこでは，シャノン流の情報概念を超えて，情報が身体にもとづく生命的なものとして新たにとらえ直され，そこから意味とシンボル（記号）が一体化した社会的な情報が出現する．さらにシャノン流の機械的な情報（データ）は，社会的な情報を効率的／形式的に処理するために派生した存在として明確に位置づけられるのだ．

　基礎情報学は，基本的にオートポイエーシス理論をベースにしているが，そこで用いられるのは，APS の一種である「HACS（階層的自律コミュニケーション・システム）」というモデルである（西垣, 2008）．HACS の特徴は階層性にあり，上位の自律システムの構成素の形成に寄与する下位の自律システムは，上位の自律システムの視点から眺めると自律性を失い，他律システムとして観察される，という点にある．たとえば，ある会社を自律的システムと見なすとき，社内でおこなわれるコミュニケーションを産出する社員それぞれは，あたかも言葉を話すロボットのような他律システムとして観察されるわけだ．とはいえ，一人ひとりの社員は思考する主体だから，その心という視点に立つと，むろん自律システムとして作動しているのである．このとき，ある社員から別の社員への「情報伝達」は，疑似的に，会社内のコミュニケーションの一環として位置づけられる．実際にはその内容が，会社という自律システムが自己準

拠的につくりあげる意味（価値）と適合していれば当該情報伝達は成功するし，不適合なら失敗することになる（たとえば，新製品についての斬新なアイデアは前者，時代遅れの冗談は後者といった具合だ）．さらにまた，会社内のコミュニケーションの産出には，インターネット検索システムのような他律システムも社員と同様に参与することができる．こうして，HACSモデルによって，従来のオートポイエティック・システムのモデルでは扱い難い，"人間＝機械"複合系の情報現象を分析することが可能となるのである．

3.2 強い人工知能

以下，HACSモデルによる分析の一例として，近年話題になっている第三次人工知能ブームがもたらしている有名な問いかけである「強い人工知能（strong artificial intelligence）の可能性」について考えてみよう．「強い人工知能」とは，哲学者ジョン・サール（John Searle）が1980年頃に言い出した用語だが，端的には，人間のような自我意識（self consciousness）をもつコンピュータ・システムのことだ．シンギュラリティ仮説が想定する汎用人工知能や超人工知能は，単に高速計算やデータ検索のような知的処理を実行できるだけではない．広汎な知識に加えて，人間と同等あるいは人間以上の適切な判断力をもち，さらに他者への共感能力をそなえ，必要なら責任をとれるような存在である．だからそういう人工知能には，自我意識が不可欠なのだ．第三次人工知能ブームの到来とともに，人工知能が運転するクルマが交通事故を起こした際の法的責任をめぐる問題などはすでに火急のテーマとなっている．

注意すべきことは，ここで議論の対象となるのは表面的シミュレーション技術ではないという点である．人間から与えられた倫理プログラムにもとづいて，あたかも自主的に道徳的判断を下しているような振りをするロボットなら，簡単につくれるだろう．また，あたかも自我意識から発した感情をもち，共感しているような表情をつくる人工知能ロボットなら，相手の表情をパターン認識して類似の表情を実現するシミュレーション技術さえあれば容易に制作できるだろう．だがそんなものは，強い人工知能やポストヒューマンとは何の関係もない．あくまで，自我意識とはそもそも何か，という正面からの問いかけから出発しなくてはならないのである．

「意識（consciousness）」という言葉には，大別して二つの意味がある．第一は知覚と結びついており，「意識を失う」「意識を取りもどす」といった場合に用いられる．第二は自己の社会的位置の自覚という意味で，「国民意識」や「階級意識」などの用法がある．前者は人間以外の多くの動物ももっており，情報科学者や脳神経科学者が注目するのは主にこの「知覚意識」のほうだ．はたして人工知能が知覚意識をもちうるか，というのはなかなか難しい問題であって，昔から議論が続いている（生命体が生きるためのものが知覚意識だと考えれば否定的な結論となりがちだが，同等の機能をコンピュータで実現できるという意見も根強い）．後者の「自我意識」は人間に特有のものであり，サルやイヌなどの社会的生物にもその萌芽が見られるにせよ，生物進化史上で出現したのはそれほど古いわけではない．それどころか，ホモ・サピエンスの十数万年の歴史のなかで自我意識が出現したのはわずか 3000 年ほど前，紀元前 1000 年前後だという説さえもある（Janes, 1977）．

　少なくとも，社会的集団における自分の位置を自覚し，自由意思にもとづいて選択をおこなう存在が「自我意識をもつ個人」だとすれば，その誕生は比較的最近のことだと考えられる．とりわけ，自我が理性をもって判断をくだし，行動し，その結果について個人的に責任を負うべきであるという考え方は，せいぜいここ数百年のあいだに地球上に普及したものだろう．HACS モデルにもとづけば，自我（self）とは，「上位 HACS つまり所属する社会集団で観察される自己の機能や位置についての，下位 HACS つまり自己の心のなかの表象」と「下位 HACS において観察される自己そのものの表象」の相互作用からつくられる．具体的にはたとえば，会社で上長が社員にあたえる評価と社員自身の自己イメージの両者の関係から，自我が形成され，自我意識がこれをとらえるのである．

　ここでいう自我は，自由意思にもとづく判断や行動がゆるされなければ存在する余地がない．「自由意思とは何か」も昔からの難問であり，情報科学者のなかには人間の意思はことごとく脳の物理的メカニズムで決定されるので自由意思など認めないという極端な議論もあるが，ここでは，自由意思を選択可能性や責任概念と関連づけてとらえることにしよう．つまり，判断主体が複数の選択肢のなかから強制されず自由に何かを選ぶとき，その結果について責任を

問える，という考え方である．このとき，HACS モデルによって責任分担を分析することができる．たとえば，（下位 HACS である）社員が完全に自分の判断で取り引きして損失を出したなら責任は社員が負うべきだが，上長の指令にしたがって選択の余地なく取引書類を形式的に処理しただけなら（上位 HACS において他律システムとして機能しただけなので），責任は無いということになる．

　肝心なのは，原理的に他律システムには選択の自由度が無いこと，指令にしたがって作動するのみだ，という点である．他律システムである人工知能は，表面上いかに自由に判断しているように見えても，実はあらかじめ設計されたプログラムにしたがって作動しているにすぎない．ゆえに選択の自由はなく，たとえば自動運転をおこなう人工知能ロボットに事故の責任を転嫁することは不適切である．あくまで設計者やプログラマなど，自律システムである人間が責任を負うべきなのだ．情報処理パラダイムのもとではあいまいになってしまうが，上にのべたように，そもそも他律システムには自我意識など期待できないのである．

　選択の自由は，情報の意味解釈と不可分の関係にある．コンピュータへの情報の入力は「指令」であり，そこに意味解釈の余地は無い．一方，人間の部下なら，同じ情報を受けとっても，本来は自律システムなのでどのような判断をくだすか原理上は不明なのである．

　こうして，サイバネティック・パラダイムを追究すれば，「強い人工知能」という神話の危うさが浮かびあがってくる．さらに，情報処理パラダイムのもとでしばしば発せられる「ロボットは自律的に判断できるか」といった問いかけの粗雑さも明らかになってくる．ここでいう自律性とは，自我意識と結びついた「社会的（実践的）自律性」であり，それは，HACS モデルにおける「生物的（理論的）自律性」を必要条件としている．ゆえに，この種の問いかけはロボットを擬人化する安易な風潮と直結してしまいがちなのだ．強い人工知能やロボットの擬人化は，人工知能を隠れ蓑にした責任逃れや支配をもたらすだろう．

　以上はトリビアルな例にすぎないが，このように，基礎情報学のサイバネティック・パラダイムに依拠して，情報処理パラダイムでは扱いの難しいコンピ

ユータ社会の諸問題を検討する見通しが得られるのである.

参考文献

Clarke, B. & M. B. N. Hansen (2009a) Neocybernetic Emergence, *Cybernetics and Human Knowing*, 16(1-2): 83-99.（大井奈美訳（2014）「ネオ・サイバネティックな創発」,西垣通・河島茂夫・西川アサキ・大井奈美編（2014）『基礎情報学のヴァイアビリティ』東京大学出版会：173-204）

Clarke, B. & M. B. N. Hansen (eds.) (2009b) *Emergence and Embodiment*, Duke University Press.

団まりな（2008）『細胞の意思』NHK ブックス

橋本渉（2010）「ハインツ・フォン・フェルスターの思想とその周辺」,『思想』1035: 98-114

Hayles, K. (1999) *How We Become Posthuman*, University of Chicago Press.

Hayles, K. (2005) *My Mother Was a Computer*, University of Chicago Press.

Kurzweil, R. (2005) *The Singularity is Near*, Viking Adult.（井上健監訳（2007）『ポストヒューマン誕生』NHK 出版）

Jaynes, J. (1977) *The Origin of Consciousness in the Breakdown of the Bicameral Mind*, Houghton.（柴田裕之訳（2005）『神々の沈黙』紀伊國屋書店）

Luhmann, N. (1997) *Die Gesellschaft der Gesellschaft, I & II*, Suhrkamp Verlag.（馬場靖雄・赤堀三郎・菅原謙・高橋徹訳（2009）『社会の社会1・2』法政大学出版局）

Maturana, H. R. & F. J. Varela (1980) *Autopoiesis and Cognition*, Reidel.（河本英夫訳（1991）『オートポイエーシス』国文社）

西垣通（2008）『続　基礎情報学』NTT 出版

西垣通（2010）「ネオ・サイバネティクスの源流」,『思想』, 前掲：40-55

西垣通（2014）「暫定的閉鎖系についての一考察」,『基礎情報学のヴァイアビリティ』,前掲書：205-227

西垣通（2016）『ビッグデータと人工知能』中央公論新社

西垣通・河本英夫・馬場靖雄（2010）「ネオ・サイバネィクスと 21 世紀の知」,『思想』,前掲：9-39

Schmidt, S. J. (1992) The Logic of Observation, *Canadian Review of Comparative Literature*, 19(3): 295-311.（大井奈美・橋本渉訳（2010）「観察の論理」,『思想』, 前掲：56-75）

Varela, F. J. (1989) *Autonomie et Connaissance*, Bourgine & Dumouchel (Trans.), Seuil.

第2章 社会システム・心的システム観察の二重性

社会心理学からの接近

柴内康文・北村　智

基礎情報学においては，オートポイエーシス理論をふまえた「階層的自律コミュニケーションシステム」（Hierarchical Autonomous Communication System, HACS）が社会システムや心的システムを理解する上での基本的枠組みとして導入されている．ここでは「いずれの階層のシステムもその観察者から見ると自律性を維持しているが，とくに上位の自律システムの観察者から見ると，下位のシステムは自律性を失い，アロポイエティックシステムとして機能する」とされる（西垣，2003）．すなわち，上位の社会システムと下位の心的システムはそれぞれが自律的なシステムと考えられるが，観察者の視点の移動にともなって，上位の社会システムを観察する際には，下位の心的システムは入出力の固定化した，アロポイエティックシステムとして現出するものとして捉えられている．また HACS は一般的には多層構造をもつものであるが，具体的に議論されるモデルとしては社会システムの上位に「超—社会システム」としての「マスメディアシステム」を置き，三層の構造で捉えることが少なくない．このマスメディアシステムは，人々に現実世界を統一的に理解するための「現実—像」を提供し続ける自律的なシステムであり，この水準を観察するときには，下位にある機能的分化した種々の社会システムは，マスコミュニケーションのための素材を出力する他律的システムとして見えることになる．

　一方で筆者らが研究において依拠してきた社会心理学は，特に社会・集団内における個人の心理・行動またその集積としての社会現象，および個人レベル現象と社会レベル現象の相互規定過程（マイクロ—マクロ過程）を研究の対象としてきた．例えば，社会心理学において伝統的に取り扱われてきたマクロレベルの社会現象として，「流行」や「普及」がある．何らかのモノやサービス，あるいは考え方が社会に広く普及する場合，その採用を行う主体はマイクロレベルでは各個人であり，周囲の他者の採用動向，あるいはマスメディアを通じた社会全体，世の中の人々における普及動向を観察しつつ，同調，あるいは利便性の評価などの心的過程によってそれを採用するかどうかを決定することとなる．個人による採用は，ひるがえって周囲の未採用者の認知，判断に影響を与えることになるし，またそのマクロレベルでの集積が，社会全体での普及状況を決定することとなり，このような相互規定過程が持続的に作動すると理解

20

することができる[1].

こうして考えるとき，HACS で用いられている概念装置には，社会心理学が利用してきたものが多いことに気づかされる．まず，社会心理学は社会と心の階層性を扱っている側面がある．また，社会心理学において基本的な研究単位となる「個人」は，自分の属している，あるいは自分を除く社会や集団全体の振る舞いを観察し（あるいは認知された社会・集団に影響されて），自らの心理，行動を決定したり，変化させたりする．また，ここでの人間は視点を自らに移動させることもあり，自分が外部の他者，あるいは集団の中でどのように見られているか，という観察もまた自らの心理，行動に影響を与えている．個別分野として，例えば，メディア論との接点における研究領域においては，人々がマスメディア（報道）からどのような影響を受けているか，さらには，メディアが提示する現実像からいかにして現実，社会認識を構成しているかが実証的に検討されている．すなわち社会心理学においては，社会システムを観察し，また視点を切り替えて心的システムを観察する人間が研究の対象となっていると言うことができるのではないだろうか[2].

ここで本章においては，基礎情報学における重要な理論装置と考えられるシステムの階層性と観察する視点の移動，あるいは自律的，他律的なシステムに関連するような社会心理学の議論を整理し，これらの二重性や視点の切り替えについて社会心理学的観点から考察する．続く次章においては，社会心理学を特徴づけるもう一つの側面である経験的手法に焦点を当て，基礎情報学における「観察」が方法論的にどのような意味を持つのかについて整理すると共に，本章の後段で論じる「第三者効果」の枠組みを用いて社会調査データの分析を行うことによって，基礎情報学の取り扱う諸概念に対する計量的な接近を行いたい．

1）後段でも議論するが，「世論」現象などは，このような過程の作動する典型的な例と考えられる．「世論調査」の結果のみであれば，それは単に各個人の意見の集積であるかもしれないが，集積結果として社会の現在のありようは各個人に認知され，引き続く判断に影響を与えることになる．また，ここまでの議論の「社会」は，HACS における機能的分化した自律システムとしての「社会システム」というよりも，むしろ心的システムの集積体やそれが表象されたものと言えるかもしれない．

1. 観察する心理過程自体の二重性

まず（社会）心理学においては，心理過程の二重性がこれまで提唱されてきている．すなわち，人間の行う観測や判断は，それ自体が二重性を有しているということである．具体的には，人間は自らの心理過程に意識的になった認知処理を行うこともできる一方で，十分に意識を向けなくとも，多くの場合にはおおよそ妥当な処理も行うことができる（ただし，このような処理が多くの認知的バイアスの源泉になっていることもやはり知られている）．おおむね1990年前後より提案されてきたこの2種類の処理プロセスに関するモデル群は総称して「二重過程モデル」と呼ばれている（池田・唐沢・工藤・村本，2010）．具体的な内容についてはそれぞれの内実により異同はあるが，大別すると情報を吟味する動機づけや時間，能力（認知的資源）が備わっている場合に行われる熟慮的な「システマティック処理」と，それらが不足している場合に行われる「ヒューリスティック処理」に分けて捉えていることが多い[3]．このようなモデルの展開してきた領域としては，印象形成などの対人的な判断に関する分野と，説得的メッセージの処理と態度変容に関する分野がある．

前者の代表的な例としては，フィスクらの連続体モデルを挙げることができるだろう（Fiske & Neuberg, 1990）．これは，人物と遭遇したとき，まずその人物の所属するカテゴリーに関する情報をあてはめる自動的，トップダウン的なカテゴリー化処理（ヒューリスティック処理）が行われ，その人物への関心がある場合のあてはまりの評価，あてはまりが悪い場合の再カテゴリー化を経て，

2）もっとも，HACS モデルにおいては下位システムが上位のシステムから受けている制約を認知できるのは，上位システムの観察においてのみであり，下位システムを観察しているときには，上位システムは「暗黙的・非明示的な存在（環境）にとどまり」下位システムの自律性は保たれていると捉えている（西垣，2003）．ただし以降の議論においては，HACS モデルに登場する主要な概念である上位（社会）システムおよび下位（心的）システムそれぞれの観察，および双方の自律性，また非自律性の認知とその帰結に関する社会心理学的な実証的議論について整理していく．もちろん，基礎情報学特有の「生命的な自律性」とここでの議論における「社会的な自律性」とは必ずしも一致するものではないことに留意する必要があるだろう．

3）カーネマンは，後者の自動的過程を「システム1」，前者の精緻な情報処理過程を「システム2」と呼称しており，特に行動経済学の分野を中心として近年この用語も用いられている（Kahneman, 2011）．

個別の情報を評価するボトムアップ的なピースミール処理（システマティック処理）へ段階的に進行していくと考えている．これに類するモデルとしては，ブリューワーの二重過程モデル（Brewer, 1988）や，ギルバートらの三段階モデル（Gilbert et al., 1988）などがある．

また後者の説得的メッセージ処理に関して提案された著名なものとしては「精緻化見込みモデル」（elaboration likelihood model, ELM）がある（Petty & Cacioppo, 1986）．これは，説得的メッセージの処理を中心ルート（システマティック処理）と周辺ルート（ヒューリスティック処理）にわけて捉えるもので，メッセージについて精緻に検討しようとする動機や能力に欠けている場合には，メッセージに関して，送り手の魅力度や，論点の数などメッセージに付随する周辺的な情報が影響をもちやすいが，精緻な処理に進んだ場合にはメッセージ内容の深い処理がなされると想定するモデルである．ELM では，メッセージ内容に注意が向けられるかそうでないかという二種類のルートの区別に重点が置かれているが，特に対人的印象形成でも取り上げたような情報処理における二重過程という観点からは，チェイキンらによる「ヒューリスティック―システマティックモデル」といった理論化も進められている（Chaiken, 1980）．

これらのモデルの根底にあるのは，観察者としての人間の心の仕組みが，外界の観察にあたってそもそも必ずしも意識的，あるいは自律的とは限らず，非意識的，自動的な過程との二重化されたプロセスにしたがっているという人間観である．特に近年の社会心理学研究においてはこのような自動的処理過程が，自由意志の存在可能性と関連づけて議論されるようになっている（森, 2012）．

2. 自己という心的システムの二重性

心的システムは，自己そのものを観察の対象とすることがある．そもそも近代的な心理学の開祖ともいうべきウィリアム・ジェームズの議論では，全体的自己について観察する主体となる自己（self as knower; I）と，捉えられることとなる自己（self as known; me）を二分して捉えていた（James, 1892）．このような主我（I）と客我（me）の関係性については，後者を社会的に獲得されたものとして捉え，一般化された他者（generalized other）の態度を内在化す

ることによって社会化がなされるという社会的自我論を展開したミード（Mead, 1934），あるいは他者との相互作用の中で自らが捉えた，他者の目に映る自分＝鏡映的自己（looking-glass self）が自己となるとしたクーリー（Cooley, 1902）の議論などの展開が見られるが，これらはジェームズ以来の系譜にある自己の二分的理解を背景としたものであると言うことができる．

　自分自身に向けられた注目の心理過程について，その後さまざまなモデル化や実証が展開している．デュバルらはこのような観察する自己の注意が，外の環境よりも内側の自己に向かっている状態のことを客体的自覚（objective self-awareness）として捉えている（Duval & Wicklund, 1972）．自己への注意は鏡やカメラを置くなどの手続きにより操作可能であるとされているが，このときに現実の自己と理想としている自己の不一致が認知されると，自己へ向けられた注意を外界にそらしたり，あるいは適応的な行動変容により一致を高めるように動機づけられるという．また自己に向けた注意を「自己制御」という（古典的な）サイバネティクス的視点からモデル化したものにはカーヴァーらの議論がある（Carver & Scheier, 1981）．

　これに対して，観察の対象としての自己に向ける視点そのものに二重化された個人差があると考える議論も存在している．代表的なものとしては，自己意識を「公的自己意識」と「私的自己意識」にわけて捉えた議論だろう（Feningstein, Scheier & Buss, 1975）．公的自己意識とは，自己のたちふるまいや容姿など他者から観察可能な自己の外的側面に注意を向けやすい傾向であり，それに対して私的自己意識とは，感情や態度をはじめとした，他者から直接観察できない自己の私的で内的な側面に注意を向けやすい傾向である．これらは客体的自覚のところで触れたような実験操作によって状態として変化させることも可能である一方で，心理測定尺度によって測定可能な個人差特性としても考えることができる[4]．公的自己意識が高い人間は，他者からの評価に敏感で自己表出をコントロールするような行動をとる傾向が高い一方で，私的自己意識の高い人間

4）なお，自己呈示や感情表出を観察，統制する程度に見られる個人差については，別途「セルフモニタリング」という概念が提案されている（Snyder, 1974）．セルフモニタリング傾向は，尺度で測定された公的自己意識と相関が高いという知見も報告されている（岩淵ら, 1982）．

は態度と行動の一貫性が高いといわれている[5].

　また，自己が他者と異なる固有の特性を持っているという視点を持つことを個人的アイデンティティという一方で，自己とその所属集団を同一化して捉えることを「社会的アイデンティティ」として捉える議論もある（Tajfel & Turner, 1979）．自己が有する社会的アイデンティティは単一なものではなく，性別や所属組織，出身地などをはじめとしての自分の所属する集団やカテゴリーに対応したさまざまなものがありえるが，自己の属する内集団と外集団との差違が際立つようなカテゴリーが文脈によって活性化して意識され，結果として内集団ひいきや外集団に対するステレオタイプ的認識につながっていくと考えられている．

　これらの議論が指摘しているのは自己という心的システムが観察される際に，観察する自己と観察される自己という二重性が発現するのみならず，観察される自己そのものが，外から見える自己と見えない自己として二重化されたり，あるいは多重なアイデンティティの中から文脈に応じてダイナミックな活性化が起こるということが想定されているということである．

3. 自己と社会の観察の二重性

　前節の最後で触れた社会的アイデンティティ理論は，自己の属する社会的カテゴリーが社会的アイデンティティを形成し，内集団―外集団のような認識枠組みが形成されるという議論であった．一方で，人間は自己を観察すると共に，本来的には自らもその一部である外界の社会集団を全体的に，あるいは「世の中」また「周囲の人々」という形で，自己と対置して捉えることがある．その観察結果自体が個人に影響を与え，ひるがえって社会や集団現象を生み出していることは，マイクロ―マクロ過程として前述したとおりである．本節ではこれまでの具体的な枠組みについて整理したい．

5）コンピュータ上でコミュニケーションする状況においては，他者の存在を感知しにくいことから公的自己意識が低まり評価懸念が減少する一方で，自己の内面に注意が向き私的自己意識が増大し，結果として自己開示に結びつきやすいという議論がある（Matheson & Zanna, 1988）．

第 2 章　社会システム・心的システム観察の二重性　　25

　まず出発点として，自己の観察とその外部の集団の観察を対比させたときに，両者の関係の中で，とりわけ外部に対する観察が正確なものでありえるかについての議論が存在する．人間が認知においてさまざまなバイアスをもっていることはよく知られているが，その中の一つとして，自分の考え方を周囲に投影し，自分と同じ考え方をもつ人間が世の中には多いと捉える「フォールス・コンセンサス（総意誤認）効果」と呼ばれる現象が存在する（Ross, Greene & House, 1977）．例えば原発の再稼働に賛成の立場をとる人であれば，世の中にもそのような人が（実際の割合よりも）多いと捉えやすいであろうし，また反対の立場であればやはりそのようなことが起こるだろう．動機的なメカニズムとしては，自らの立場を社会的に受け入れられた，規範的なものであると捉えやすいということが考えられようし，認知的なメカニズムとしては，そもそも自分の立場の方が想起しやすく，また周囲から入手可能な情報も多くなりやすいということが考えられるだろう．その一方で，他の人々は自分と異なる考えや規範に従っていると思っているが，実際には他者の多くも同じような考えを持っているというという現象も存在することが知られており，これは「多元的（集合的）無知」（pluralistic ignorance）と呼ばれている（Allport, 1924）．典型的な例としては「裸の王様」の寓話に知られているような，自分自身は王様は裸だと思い，また多くの人間も実際には同様にそう思っているにもかかわらず，それぞれの人間が，皆には服が見えており，裸に見えているのは自分だけだと（無知にして）考えてしまう（がゆえに，裸だと誰も言い出せず，ますます裸だと思っているのは自分だけだと思う）ような状態をこの現象は指している（神, 2009）．

　このように外部の，また周囲の人々に対する観察自体は，自己に対する観察との関係の中で必ずしも正確に把握されたものであるとは限らないが，自分自身の態度や判断（とそれに対する観察）から視点をずらし，それと自分を取り巻く社会，人々一般の考えを対比させて捉えようとする行動を人間がとることが社会心理学においては想定されている．個人のレベルで想定できるこのようなメカニズムの延長線上に，それと社会全体で発現するようなマクロ現象を関連づけたモデルの代表的なものとして，ノエル＝ノイマンが世論メカニズムを捉えるために提案した「沈黙の螺旋理論」（Noelle-Neumann, 1993）を挙げることができる．

この理論においてはまず人間のもつ基本的心性として，社会の中における「孤立への恐怖」，そして周囲を観察しその意見の動向，風向きを把握する「準統計的能力」が存在するという仮定が置かれている．その上で，自分の意見を多数派，また優勢と認知した場合には公にその意見を表明しやすくなる一方，少数派，また劣勢と認知すると孤立を恐れて意見を表明しにくくなるとし，このような公的な表明また沈黙が，螺旋状に増大することによって世論の収斂が起こると考えるのがこの理論の提案したプロセスである．すなわち，各個人が自己という心的システムを観察し，また社会の動向を観察した結果の集積として，世論の変動が起こると想定しているということである．ここで，どの意見が多数派でありまた少数派であるのかをマスメディアが持続的に提示することが，人々が社会を観察する上で大きな役割を果たすという想定が行われており，その意味でこの理論はマスメディアの強力な効果を主張するものとして捉えられることが多い[6]．なお HACS モデルをふまえた西垣（2003）の議論ではマスメディアを，「機能的分化システム」（社会システム）―「心的システム」の上位にある「超―社会システム」として自律的なオートポイエティックシステムとして捉え，このレベルの観察者の視点からは社会システムが非自律的な入出力装置として作動するアロポイエティックシステムとして機能するとしているが，この沈黙の螺旋理論においては，逆に心的システムの作動が社会の動向という環境のなかでいかに変容するかが議論されることになる．すなわちそこでは，マスメディア報道が社会の動向を各個人に持続的に伝えており，またそれを通じて個人の社会全般の観察の仕方が影響をうけるのである．その意味では，個人の心的システムのなかで，マスメディア報道はアロポイエティック的な役割をはたしていると言えるのではないだろうか．

6）なお，沈黙の螺旋理論は理論面，実証面からの批判も多い．前述したフォールス・コンセンサス効果は，そもそも社会を正確に観察する「準統計的能力」に疑問を投げかけるものであるし，そもそも孤立への恐怖を感じないような個人特性や，争点による差異なども指摘されている．一方で多元的無知は，自分の立場をそれぞれが社会の中で少数派と捉えやすいという現象だが，それがゆえに多数派に同調したり沈黙したりする行動を引き起こす可能性があり，沈黙の螺旋理論のメカニズムには親和的であると言える．また沈黙の螺旋理論の全体像を実証的に検討することは難しく，多数派，少数派の認知と意見表明という段階の検証にとどまることが多く，その結果は安定的に理論を支持するものになっているとは言えない．

第2章　社会システム・心的システム観察の二重性　27

　沈黙の螺旋理論では，社会一般に対する観察という視点を人々が取り込んで，自己の立場の表出にそれが影響するメカニズムが議論されているが，現実の政治過程，とりわけ投票行動の領域においても，マスメディア報道が予期させる社会一般の動向の予測が，各個人に影響を与える現象が存在する可能性がいくつか指摘されている．一般にもよく知られているのは，選挙の情勢報道が短期的に投票行動に影響を与えるという「アナウンスメント効果」であるだろう（三宅，1989）．中でも，勝ちそうな候補者に乗ろうとする投票行動については「バンドワゴン効果」と命名され，しばしば選挙情勢報道の規制のための論拠として用いられることがあるが，これと反対に負けそうな候補者にあえて投票する判官贔屓的行動は「アンダードッグ効果」とされ，両者を総合してアナウンスメント効果というラベルが用いられている．これらにおいては選挙情勢報道を通じて予期された，勝ちそうな側，あるいは負けそうな側につきたいという比較的単純な影響が想定されているが，社会システムの観察と，自分の選好の観察を通じて，より複雑な意思決定を行う現象についてもこれまでの研究において指摘がなされている．「バッファープレイヤー」とは，かつての自民党一党支配体制下において存在の指摘された投票者を指す名称であるが，自分自身は政権運営においては自民党を支持しているが，一方で政治体制としては与野党伯仲が望ましいと考えているために，自民党の議席に余裕（バッファー）がありそうであればあえて他党に投票し，それがなさそうであれば自民党に投票するような者のことを指している（蒲島，1988）．蒲島によれば，選挙結果の予測を見て棄権したり，政党，候補者を変えたりしたことのある者は1987年の調査データによると約16％存在し，単なる自民党の安定支持者や与野党逆転支持者よりも，自民党政権と与野党伯仲状況を同時に望んでいるバッファープレイヤーが最もそのような行動をとっていたという結果になっていた．こういった人間はマスメディア報道を通じて社会の人々の動向を観察し，一方で視点を切り替えて自身の選好を観察しながら，より望ましい社会のあり方に近づくようにと自身の意思決定を行っているということである．

　ここまで諸議論におけるマスメディアの位置づけとしては，社会を観察する上で利用される装置といったようなニュアンスがあり，社会における一般の人々の動向とマスメディアが報じる内容を分離して，またこの両者を一方向的

な影響—被影響関係としてそのような影響の有無を個人が認識していると仮定したわけでは必ずしもないと言えるだろう．沈黙の螺旋理論においては，多数派の動向を伝え，また各人がそれを把握する手段としてマスメディアが位置づけられていたし，アナウンスメント効果やバッファープレイヤー仮説においてもまた同様な位置づけであったように思われる．しかし，（自分を取り囲む）社会一般と個人を対置させた上で，さらにマスメディアというエージェントが両者それぞれにどのような影響を及ぼしているかの認知，およびそのような認知がもたらす帰結についてモデル化した議論がその後提案されるようになってきている．一例としてはまず「敵対的メディア認知」(hostile media phenomenon）を挙げることができる (Vallone, Ross & Lepper, 1985)．これは，とりわけ党派心の強い人間において，メディア報道が自分とは反対の方向に偏向していると知覚し，また中立的な受け手がそのような報道に特に影響を受けやすいと判断する現象のことを指す．

　さらに，世の中の人々一般，それと並び自分自身に対し，それぞれマスメディアがどのように影響を与えているかの認知を対置して捉えた議論として，第三者効果（third person effect）と呼ばれる現象が存在する (Davison, 1983)．まず first-person や second-person といった，自分や「あなた」のような近しい人に対して，third-person とはそれ以外の「彼ら・彼女ら」のような他者のことを指す．マスメディアが自分自身に，あるいはこのような第三者たる世間一般の人に影響を及ぼすかどうかを質問した場合に，人々はマスメディアが自分自身よりも世間一般に影響を及ぼす可能性を過大評価する傾向がある．すなわち，マスメディアは自分よりも，他者に対して大きな影響を及ぼすと考える傾向が強いということである．このような，自己および他者一般に対するマスメディアの影響力の認識のズレは「認知レベル」の第三者効果と呼ばれており，これまでの研究でも安定的に観察されていることが知られている．例えば1991年の東京都知事選における調査によれば，選挙についての世論調査の結果の報道に自分自身は（あまり／全然）影響されないと回答した者は88.3％にのぼったが，東京都民一般がどうかについては，影響されないと回答した者は42.3％にすぎなかった（安野，1996）．

　これに対して，自分よりも他者の方が影響を受けやすい，という認知を持つ

ことが，それに対応するような行動を引き起こすことによって，結果的にメディア効果が現出することを「行動レベル」の第三者効果と呼ぶ．例えば，取り付け騒ぎのような事件がメディアで報道されたとして，それを見た預金者が信用不安は現実のものではなく，自分はそのような報道に影響されないと思っていても，他者については本当に預金引き出しに走るのではないかと考えれば，そうなる前に自分も引き出しておこうと行動するかもしれない．その場合，自分は影響されないが，他者は影響されると認知することが，結果的にその人に対する影響も引き起こしていると言うことができる．実際には，このような行動レベルの第三者効果については，実証的には安定的に支持されているわけではない（Perloff, 1993）．しかし認知レベルの第三者効果は，世間一般と自分自身に対する影響力の認知のズレを問題にしているのみであるのに対して，「社会がこのように動く（動かされる）」であろうから，それに対して自分はこのように対応すると考えているという点で，沈黙の螺旋理論などが想定しているメカニズムと近い側面があるように思われる．観察を通じた，社会がどう動くかという予期によって自己の行動が決定されていると考えているからである．

　ここで議論した第三者効果は，HACS モデルから考えた場合に興味深い側面を有していると言えるのではないだろうか．認知レベルの第三者効果の知見をふまえると，視点を世の中の人々一般に向けたときには，それはマスメディアからの影響を受ける他律的な存在として観察されるが，自己に視点を向けた場合には必ずしもそのまま影響を受けるわけではない自律的な存在として捉えられていると想定することが可能であるだろう．マスメディア―自己という関係性を観察する場合，自己という心的システムに観察の焦点が当たりやすいのは自然なことのように思われる．そこでは自己は自律的な存在として捉えられ，マスメディアは報道等を通して与えられる外界からの刺激という位置づけとなる．他方でマスメディア―他者一般という関係性を観察する場合には，「マスメディアが人々に影響を与える（か）」という枠組みから理解されやすく，マスメディアを自律性をもったシステムとして，そして他者一般をその影響を受ける，いわばそこからのインプットに従属して反応するアロポイエティックな存在として捉える枠組が働きやすくなっていると言うこともできるのではないだろうか．

この点に関連しては，自己と他者を観察するときの視点の違いに関わる現象として知られる「基本的帰属のエラー」（fundamental attribution error）から考察することも可能であると考えられる（Ross, 1977）．これは人間が自分の行動については，その原因を外的，状況要因に帰属させやすいが，他者の行動についてはむしろその原因を内的，特性要因（性格や行動傾向）に帰属させやすいという一種の認知バイアスを指す．この帰属パターンの差違は，第三者効果を引き起こすメカニズムとして想定されることがある（Gunther, 1991；Eveland et al., 1999）．他者へのメディア報道の影響については，状況・外的要因の影響が割り引かれ，内的な態度変化が予想されやすいが，自身について判断するときには状況・外的要因が意識されやすくなり，内的な態度変化の可能性が割り引かれるということである．自身の行動について外的要因が想定されやすいのは自身を外部からの刺激を受け取り判断する自律的なシステムと見なしていることである一方で，他者の行動について性格や行動傾向のような内的要因を想定しやすいということは，メカニズムの安定した，予測可能性のある存在として他者の振る舞いを捉えやすいということではないだろうか．これは人間が自他の観察において，自己という心的システム，あるいは社会システムに組み込まれた他者を HACS モデルの想定に近いように捉えている側面があることを示唆しているように思われる．しかし，実際の人間の心的システム，あるいは人々に関する認識としては，それ以外のバリエーションももちろん想定することができる．すなわち，自己も含めて社会システムの一部と見なし，自らもその影響から逃れられないという他律的人間観を自分に対しても適用する個人的傾向や，そのようになりやすい状況もありえようし，また自分と同様に，他者一般も自律的な心的システムを構成していると考える場合もいるだろう．これは，社会—心的システムの観察をめぐる個人差と捉えることも可能ではないだろうか．この個人差と，広く社会またそのシステムの作動原理を人々がどのように認識しているのかの関連性について検討することは意義深いと考えられる．

第 3 章においてはまず，社会心理学におけるさまざまな実証的手法を基礎情報学的視点での「観察」という観点から整理した上で，その中の質問紙法による取得データを用いて，人々の行う（自己，また他者一般の）心的システムの観察とその自律性，他律性認識をこの第三者効果の枠組みによって行う検討を

示す.

参考文献

Allport, F. H. (1924) *Social Psychology*. Houghton Mifflin Company.

Brewer, M. B. (1988) A dual process model of impression formation. In T. K. Srull & R. S. Wyer, Jr. (Eds.), *Advances in social cognition: Volume 1. A dual process model of impression formation* (pp. 1-36). Lawrence Erlbaum Associates, Inc.

Carver, C. S., & Scheier, M. F. (1981) *Attention and self-regulation: A control-theory approach to human behavior*. Springer-Verlag.

Chaiken, S. (1980) "Heuristic versus systematic information processing and use of source versus message cues in persuasion," *Journal of Personality and Social Psychology*, 39, 752-756.

Cooley, C. H. (1902) *Human nature and the social order*. Charles Scribner's Sons.

Davison, W. P. (1983) "The third-person effect in communication," *Public Opinion Quarterly*, 47(1), 1-15.

Duval, S., & Wicklund, R. A. (1972) *A Theory of objective self-awareness*. Academic Press.

Eveland Jr, W. P., Nathanson, A. I., Detenber, B. H., & McLeod, D. M. (1999) "Rethinking the social distance corollary: Perceived likelihood of expsoure and the third-person perception," *Communication Research*, 26(3), 275-302.

Fenigstein, A., Scheier, M. F., & Buss, A. H. (1975) "Public and private self-consciousness: Assessment and theory," *Journal of Consulting and Clinical Psychology*, 43(4), 522-527.

Fiske, S. T., Neuberg, S. L., Beattie, A. E., & Milberg, S. J. (1987) "Category-based and attribute-based reactions to others: Some informational conditions of stereotyping and individuating processes," *Journal of Experimental Social Psychology*, 23(5), 399-427.

Fiske, S. T., & Neuberg, S. L. (1990) A continuum of impression formation, from category-based to individuating processes: Influences of information and motivation on attention and interpretation. *Advances in Experimental Social Psychology*, 23, 1-74.

Gilbert, D. T., Pelham, B. W., & Krull, D. S. (1988) "On cognitive busyness: When person perceivers meet persons perceived," *Journal of Personality and Social Psychology*, 54(5), 733-740.

Gunther, A. (1991) "What we think others think: Cause and consequence in the third-person effect," *Communication Research*, 18(3), 355-372.

池田謙一・唐沢穣・工藤恵理子・村本由紀子（2010）『社会心理学（New Liberal Arts Selection）』有斐閣

岩淵千明・田中国夫・中里浩明（1982）「セルフ・モニタリング尺度に関する研究」『心理学研究』53:54-57.

James, W. (1892) *Psychology: The Briefer Course*. Henry Holt.（ジェームズ, W. 今田寛（訳）（1992）『心理学（上）』岩波書店）

神信人（2009）「集合的無知」日本社会心理学会（編）『社会心理学辞典』丸善　pp. 300-301.

蒲島郁夫（1988）『政治参加』東京大学出版会

蒲島郁夫・竹下俊朗・芹川洋一（2007）『メディアと政治』有斐閣アルマ

Kahneman, D. (2011) *Thinking, Fast and Slow*. Brockman.（カーネマン, D. 村井章子（訳）（2012）『ファスト＆スロー』早川書房）

Matheson, K., & Zanna, M. P. (1988) "The impact of computer-mediated communication on self-awareness," *Computers in Human Behavior*, 4, 221-233.

Mead G. H. (1934) *Mind, self and society*. University of Chicago Press.（ミード, G. H. 稲葉三千男・滝沢正樹・中野収（訳）（1973）『精神・自我・社会』青木書店）

三宅一郎（1989）『投票行動』東京大学出版会

森津太子（2012）「社会心理学における自由意思をめぐる問題 I —— 2009 年 SPSP 年次大会での討論を手がかりに」『放送大学研究年報』30:31-39.

西垣通（2003）「オートポイエーシスにもとづく基礎情報学」『思想』951:5-22.

Noelle-Neumann, E. (1993) *The spiral of silence: Public opinion, our social skin*. University of Chicago Press.

Perloff, R. M. (1993) "Third-person effect research 1983–1992: A review and synthesis," *International Journal of Public Opinion Research*, 5(2), 167-184.

Petty, R. E., & Cacioppo, J. T. (1986) "The elaboration likelihood model of persuasion," *Advances in Experimental Social Psychology*, 19, 123-205.

Ross, L. (1977) "The intuitive psychologist and his shortcomings: Distortions in the attribution process," *Advances in Experimental Social Psychology*, 10, 173-220.

Ross L., Greene D., & House, P. (1977) "The false consensus effect: An egocentric bias in social perception and attribution processes," *Journal of Experimental Social Psychology* 13, 279-301.

Snyder, M. (1974) "Self-monitoring of expressive behavior," *Journal of Personality and Social Psychology*, 30(4), 526-537.

Tajfel, H., & Turner, J. C. (1979) "An integrative theory of intergroup conflict". In W. G. Austin & S. Worchel. *The social psychology of intergroup relations*. Brooks/Cole. pp. 33-47.

Vallone, R. P., Ross, L., & Lepper, M. R. (1985) "The hostile media phenomenon: biased perception and perceptions of media bias in coverage of the Beirut massacre," *Journal of Personality and Social Psychology*, 49(3), 577-585.

安野智子（1996）「メディアの影響力の認知は世論形成を媒介するか——第三者効果による世論形成過程モデルの試み」『選挙研究』11:46-60.

第3章 基礎情報学と社会調査研究の架橋可能性

社会心理学的メディア研究の視点からの接近

北 村　智・柴 内 康 文

1. はじめに

基礎情報学では既存の学問とは異なる観点から，情報／メディア／コミュニケーションをラディカルにとらえ直す議論が行われる（西垣, 2004）．本章ではその基礎情報学の枠組みを用いて前章で論じた社会心理学，特に社会心理学的メディア研究の研究方法を検討する．そして，前章で示した第三者効果の議論を基礎情報学的な問題として検討する．この試みをつうじて，基礎情報学と情報／メディア／コミュニケーションをめぐる経験的研究の架橋可能性を探る．

前章で議論した社会心理学領域での研究知見の多くは経験的研究によるものである．また，社会心理学領域での理論はそこから導出される仮説を経験的データによって検証する作業によって鍛えられてきた．その経験的研究には主に実験研究と調査研究があるが，基礎情報学において重要となる社会システムや心的システムの作動の観察記述という点では調査研究の手法（調査法）を概観しておくとよいだろう．このような経験的研究の手法に基礎情報学的な検討を加える前に，まず次節では社会心理学領域での経験的研究がどのような「観察記述」の手法によって進められてきたのかを概説する．ここで概説される調査法は基礎情報学的なとらえ方をすれば，社会システムや心的システムの作動を観察記述する営みであると言い換えることができる．第3節では基礎情報学と経験的研究の架橋可能性を探る上で，経験的研究の方法そのものを基礎情報学的な意味での「観察（observation）」（西垣, 2004）として検討する．その検討をふまえた上で，第4節では質問紙法による調査データを用いて，基礎情報学的問題についての考察を経験的研究のアプローチによって行う．

2. 社会心理学的研究の実践における観察記述としての調査法

社会心理学的メディア研究における経験的研究の方法は，心理学や社会学の研究手法にもとづくものが多い．特に社会調査法として質問紙法が多く用いられる．この手法の特徴を示すために，比較対象として観察法，面接法を質問紙法に先立って取り上げる．本節ではそれぞれについて，基礎情報学的な検討を

38

加えるために観察記述に関わる部分を中心に，心理学や社会学における研究方法としての特徴を概説していく．

2.1 観察法

心理学的な研究方法としての観察法（observation method）とは，「人間や動物の行動を自然な状況や実験的な状況のもとで観察，記録，分析し，行動の質的・量的特徴や行動の法則性を解明する方法」を指す（中澤・大野木・南，1997）．1910 年代以降，客観的に（＝外的に）観察可能な行動を研究対象にすべき，と主張する行動主義（behaviorism）が心理学で大きな影響力をもったこともあり，発展した研究方法である．本章で取り上げる調査法の中では，必ずしも言語を媒介にするわけではない調査法であるため，対象者が一定の言語理解能力，言語表現能力をもつことを必要としないという特徴をもつ．そのため，新生児や乳幼児，動物の調査研究手法として用いることができる．

観察法は自然観察法と実験的観察法に大別できる．自然観察法は，観察の状況に人為的操作を加えずに対象者の行動を自然状況のもとでありのままに観察する方法である．それに対して実験的観察法は，観察の状況に人為的操作を加えて対象行動を生起しやすくしたり，実験法のなかで実験条件と対象行動の関係を調べるために行われたりするものである．2 つの観察法の大きな違いは，観察を行う状況を研究者が意図的に拘束・操作するか否かである（南風原・市川・下山，2001）．

また，対象者との関係において分類した場合は，参加観察法[1]と非参加観察法に分けられる．参加観察法とは観察対象に対して観察者がその存在を明示しながら観察する方法であり，社会学や人類学で用いられるフィールドワーク（佐藤，1992）はこの方法に含まれる．一方，非参加観察法は観察対象に対して観察者がその存在を明示しないで観察する方法である．これには例えばマジックミラー越しに実際の行動を観察する直接的観察と，ビデオなどの観察装置を通して観察を行う間接的観察が含まれる．ビデオの場合には録画を行うことで，映像として観察記録を残すこともできる．

1）特に，観察対象である社会・集団と長期にわたって生活をともにして観察することは参与観察と呼ばれる．

観察法では，信頼性が重要な問題となる．信頼性のある観察においては，同じ状況を観察すれば何度みても，誰がみても一貫した同一の結果が得られる．そうした形式の記録の取り方として行動目録法（チェックリスト法）がある．行動目録法とは，「観察したい行動やその場面で起こりそうな行動のカテゴリーを観察前にあらかじめ作成しておき，観察場面で該当する行動が生起したらその都度チェックする記録方法」（南風原・市川・下山，2001）である．

信頼性の問題は観察者の主観性の排除をともなうものであるが，一方で「質的研究」を強調する場合にはそうした主観性の排除を否定的にみることがある．例えば佐藤（1992）は「フィールドワーカーは見たままの姿を記録するだけでなく，その奥に幾重にも折り重なった生活と行為の文脈をときほぐしていきます．その作業を通してはじめて明らかになる行為の意味を解釈して読みとり，その解釈を書きとめていく作業が分厚い記述なのです」と述べている．伊藤・能智・田中（2005）においても「自然科学では，誰がやっても同じ結果が出るはずの『客観的観察』が重視されるが，『動きながら，関わりながら』の心理学研究では，必ずしもそういうわけではない．誰がやっても同じ結果が出るように望むならば，最新の技術と機器を活用してどんどん機械化すればよいということにもなる」と述べられている．

2.2 面接法

面接法（interview method）は調査的面接法と臨床的面接法（相談的面接法）に分けられる（保坂・中澤・大野木，2000）．調査法としての面接法が調査的面接法である．調査的面接法は「調査者（インタビューアー）が調査協力者（インタビューイー，または，情報提供者という意味でインフォーマントとも呼ぶことがある）に対し，ある話題について質問と回答という形式の会話を一定の時間続け，情報を収集する調査の方法」ということができる（森，2012）．面接法は言語を媒介とするため，一定水準以上の言語能力を有している者以外を調査対象とすることはできない．

調査的面接法は質問する内容の扱いによって構造化面接法，半構造化面接法，非構造化面接法の3種類に分けられる．構造化面接法とは，質問する内容をあらかじめ質問項目として準備しておき，質問する順序，聞き方なども定めた上

で，事前に決めた質問構造に厳密に従いながら面接を進めていく方法である．これに対して半構造化面接法は，あらかじめ質問する内容を質問項目として準備はしておくが，面接を行った際の話の流れなどに応じて質問の順番を入れ替えたり，回答をふまえてより踏み込んだ質問をしたりする方法である．最後の非構造化面接法は，質問項目を事前には作成せず，質問を話の流れに応じて臨機応変に行っていく方法である．

　また，面接法には 1 対 1 で行う個人面接法と，複数の調査協力者に対して同時に面接を行う集団面接法がある．個人面接法は 1 対 1 で行うため，調査者以外の存在によって回答が左右されない，ラポールを築けていれば深い回答を得ることも期待できるといったメリットがある．一方で，集団面接法には集団で行うために，調査協力者がリラックスして面接に参加でき，他の調査協力者の発言によって一人では思い出せなかったことなどの思考が引き出されるといったメリットがある．

　面接法では通常，面接内容を録音または録画によって記録する．そして，それによって文字起こしを行い，文字化されたデータを分析対象とする．

2.3 質問紙法

　質問紙法（questionnaire method）とは，あらかじめ用意した質問項目と回答形式を順序どおりに記した質問紙（調査票）を用いて調査協力者に回答を求める方法である．質問「紙」法と呼ぶが，近年ではオンラインで Web ブラウザを通して回答の入力を求めるオンライン調査が行われており，それも質問紙法のバリエーションの一つといえる．

　質問紙法の特徴は大きく 2 点挙げられる．1 点目は，言語を媒介にして調査協力者に質問を行い，回答を求める点である．このため面接法と同様に一定以上の言語能力をもたない者を調査対象者とすることができない．2 点目の特徴は，質問項目と回答形式，それらの提示順序が統一されている点である．この特徴のため，得られるデータの形式も定型的なものとなる．

　質問紙法には自記式と他記式がある．自記式とは調査協力者自身が調査票に対して回答を記入・入力する方式である．他記式とは調査協力者以外（通常は調査者・調査員）が調査票に対して回答を記入・入力する方式である．他記式

では調査協力者に対して調査者・調査員が調査票に記載された質問項目を読み
あげ，回答形式を示して回答を求める「面接法」が用いられる．このような面
接法は完全な構造化面接法ともいえるが，一般的には面接法ではなく質問紙法
の一種として扱われる．

　質問紙法に含まれる回答形式には選択回答形式と自由回答形式がある．選択
回答形式はあらかじめ設定した選択肢の中から回答を選んでもらう形式である．
この中には単項選択式（Single Answer; SA）と多項選択式（Multiple Answer;
MA）がある．単項選択式は提示した選択肢の中から一つだけを選んでもらう
形式であり，多項選択式は提示した選択肢の中から複数を選ぶことを可能にす
る形式である．一方，自由回答形式（Free Answer; FA）は選択肢を設けずに，
回答を記入欄に記入してもらう形式である．この中には選択肢として準備はさ
れていないが数字など回答の内容が質問によって限定的になっているものと，
文章や言葉による回答を求めるためのものが含まれる．狭義の自由回答形式は
文章や言葉による回答を求めるものをいう．

　質問紙法ではしばしば「そう思う」「ややそう思う」「あまりそう思わない」「そ
う思わない」といったような段階的な選択肢を提示して，質問項目に対する回
答を段階的な評定で求める．こうした方法を評定法と呼ぶ．評定法は態度や意
見の強さ，程度，頻度などを尋ねるために用いられる．

3. 基礎情報学からみる調査法

　前節では心理学・社会学で用いられる調査法として，観察法，面接法，質問
紙法を概観した．実際の調査法では対象者の選択，別の言い方をすればサンプ
リングの手続きが重要な位置を占めるが，前節では基礎情報学的論点に絞って
議論するため，「観察記述」に関わる点を中心に説明した[2]．本節では，前節
で概観した調査法における「観察記述」を基礎情報学の観点から検討する．ま
ずは基礎情報学において観察記述が理論的にどのようなものとして位置づけら
れているのかを西垣（2004, 2012）をもとに押さえておく．

___
2) 各方法には引用で示した優れた解説書が多数ある．関心のある方はそちらを参照していた
　だきたい．

基礎情報学は人の心的システムや社会システムをオートポイエティック・システムとしてとらえる（西垣, 2004）. システムを観察記述する視点について, オートポイエティック・システムは恒常性維持システムや自己組織システムと異なる. 西垣（2012）によれば, 恒常性維持システムや自己組織システムの挙動を観察記述している視点はシステムの外部におかれ, 入出力をはじめとした作動ダイナミックスをシステムの外側から記述することになる. 一方で, オートポイエティック・システムの場合は, その作動ダイナミックス, すなわち自己創出メカニズムを観察記述する視点はシステムの内部にある（西垣, 2012）.

そして, 西垣（2012）は観察記述としての研究について次のように述べている.

> 例えば, チンパンジーの群れの社会は, むろん人間がいなくてもそれ自体で成立してはいるだろう. だが, チンパンジーの社会システムと研究者の心的システムが構造的カップリングし, 観察記録や研究論文として人間の記号を使って発表されることにより, チンパンジー社会の様相ははじめて人間社会で認知される（人間による観察記述というプロセスを度外視することは基礎情報学では認められない）. なお, ここで, 対象となるシステムを観察記述する心的システムは, 外側からの視点ではなくむしろ対象システムの視点にそって, 内側から観察記述しているという点は大切である. チンパンジー研究者はできるだけ自分の主観を排除し, チンパンジーの群れそのものの立場に即して, 彼らのコミュニケーション行為を観察記述するのである.（西垣, 2012: 95）

前節で概観した調査法における「観察記述」は, 人間の社会システム／心的システムの観察記述という側面を有している. 基礎情報学と情報／メディア／コミュニケーションをめぐる経験的研究の架橋可能性を探る上で, 基礎情報学のシステム論的視点をもとに, 調査法による社会／心の研究の位置づけを検討しておく必要がある.

3.1 観察法による社会／心の研究の位置づけ

図1は観察法を用いた場合の社会システム／心的システムへのアプローチを単純化したものである. 観察法では観察対象者の「行動」が調査者によって観察されるのであり, 単純化してみた場合,「対象者による観察」が媒介するわ

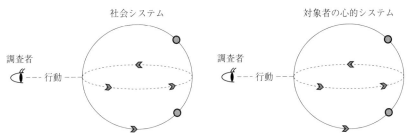

図1　観察法を用いた社会システム／心的システムへのアプローチ

けではなく[3]，「行動」の観察を通じて調査者は社会システムや心的システムを観察していくことになる．

　フィールドワークにおける面接法の利用を除外して純粋に観察法をとらえた場合，調査者・対象者間で言語を媒介としない調査手法という点がその特徴としてあげられる．科学としての心理学という方向性を強調した行動主義において，人間の心理学の主題が行動だと主張されたように，第三者から観察可能な行動そのものは「客観的にとらえうる」ものと考えられる．一方で，前節における観察法の概観において述べたように，観察・分析の視点・意味解釈は「調査者の主観」が反映されやすいという特徴がある．

　客観性を重視する観察法においてはトレーニングされた観察者が，行動目録にもとづいた行動の生起のチェックを行うことでデータ化される．近年では，録画された映像記録を映像／画像認識技術を用いて，機械的にコーディングを行う手法もありうる．また脳機能イメージング技術のように，測定や観察に関わる技術革新により，従来であれば観察不可能であった「行動」を現代では観察可能になっており，これを「観察法」としてとらえる見方もありうる．一方，質的研究という側面を強調する場合の観察法においては，「フィールドノート」という形で観察者の視点からの記録がデータとして残される．

　行動主義心理学において「心の仕組み」そのものについては「ブラックボックス化」されたように，行動は外的に観察可能であるが，そこから心的システムの作動について把握するためには，観察された行動の意味解釈が不可欠であ

3）対象者の行動は心的システムの自己観察や社会システムの観察の結果として生起している側面があると考えられるため，「対象者による観察」が関係ないわけではない．

44

る．また，観察法によって社会システムにアプローチするためには，佐藤（1992）が「分厚い記述」で強調するように，行動／行為の意味解釈が不可欠なものとなるだろう．こうした観察法ではいずれにせよ，対象となる社会システム／心的システムと構造的カップリングし，観察された行動／行為の意味解釈を行い，記述していくことになる．

3.2 面接法による社会／心の研究の位置づけ

　図2は面接法を用いた場合の社会システム／心的システムへのアプローチを単純化したものである．面接法では対象者（調査協力者）の「発話・発言」が調査者によって観察される．つまり，対象者自身の心的システムの自己観察や社会システムの観察にもとづく記述（言語化）を調査者は観察することで，社会システムや心的システムに接近していくことになる．

　面接法は，質問紙法と同様に，調査者・対象者間で言語を媒介とする調査手法であるという特徴を有する．調査者の質問・問いかけを契機に行われる発話がその分析対象となるわけだが，社会システム，心的システムへのアプローチとしては調査の対象者（調査協力者）が社会システム，心的システムを観察した結果を言語化したものがその「発話」となる．つまり，面接法によるデータそのものは対象者の「主観的な自己報告」といえる．

　面接法によるデータは対象者によって言語化されているため，観察法とは異なり，調査者が観察した時点でそれは「人間の記号」として認識可能である．しかし，言語という記号によって表現されたデータであるが，対象者の発話をどのように意味解釈し，どのように分析するのかという点では，「調査者の主観」が反映されやすい特徴を有しているといえよう[4]．

　つまり，面接法における観察記述では「対象者による観察記述」としての発話というプロセスと，その発話を「調査者による観察記述」として分析するプロセスが存在しているといえる．

4）この部分における分析者の主観性を排除する一つの方法として，近年では機械的手法による言語データの分析（テキストマイニング）が用いられることがある．

第 3 章 基礎情報学と社会調査研究の架橋可能性　45

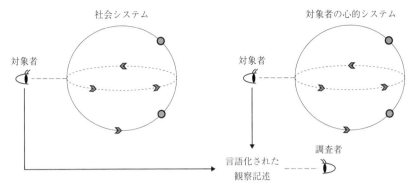

図 2　面接法を用いた社会システム／心的システムへのアプローチ

3.3　質問紙法による社会／心の研究の位置づけ

　質問紙法は，面接法と同様に調査者・対象者間で言語を媒介とした調査手法という特徴を有する．質問紙法の概説において述べたように，質問紙法では数値や記号選択による回答形式と，文章や言葉による狭義の自由回答形式が含まれる．文章や言葉による狭義の自由回答形式については，対象者によって言語化された記述がデータとなる点で，観察記述の基本的なとらえ方は面接法と同様に考えることができるだろう．したがって，ここで質問紙法の特徴的なアプローチとして考えるべきは，数値や記号選択による回答形式の部分であるため，そこに限定して整理する．

　図 3 は質問紙法を用いた場合の社会システム／心的システムへのアプローチを単純化したものである．質問紙法では対象者（調査協力者）の「調査者の設定した形式・手順でコード化された回答」が調査者によって観察される．つまり，対象者自身の心的システムの自己観察や社会システムの観察にもとづいて，調査者の設定した形式・手順でコード化された回答を調査者は観察することで，社会システムや心的システムに接近していくことになる．

　ここで，質問紙法において重要なのは，手順・形式を統一的・定型的なものとして，すべての対象者が「同じ形式」で質問を受け，「同じ形式」で回答を行う点にある．この点で，質問紙法では面接法とは異なり，調査対象者が回答の「コード化」までを済ませるため，調査者が扱うデータは一定水準のコード

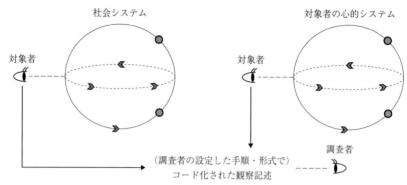

図3 質問紙法を用いた社会システム／心的システムへのアプローチ

化が済まされたものとなる．つまり，面接法の対比でいえば，面接法では調査者が対象者の発話をコード化していくプロセスがあったのに対し，質問紙法では調査者自身がコード化するプロセスは二次的なものを除けば存在していない．しかし，質問紙（調査票）を作成するプロセスにおいて，質問項目に対応した回答のコード化を事前に済ませる必要がある．

また，質問紙法では，対象者による質問の意味解釈が行われるというプロセスも発生する．調査者が手にするデータ自体はコード化の済まされた「客観的」なものであり，質問項目と回答形式が統一化されている点は「客観的」であるかもしれない．しかし，対象者による質問の「主観的」な意味解釈というプロセスを回避することはできないという点は重要である．

そして，質問紙法によって得られるデータそのものは，基本的には対象者の「主観的な自己報告」である．特に心理学で用いられる評定法を用いた心理尺度などは，対象者自身が自身の心的システムを自己観察した結果を調査者の指定した方式で報告するという形式が取られる．

したがって，質問紙法においては対象者に一定レベルまでのコード化を委ねるために，調査者がコードを事前に準備するという重要なプロセスが存在している．また，対象者による「質問項目と回答形式の読解（観察および意味解釈）」というプロセスと，（質問項目によって要請されて行われる）対象者による「社会システム／心的システムの観察記述」というプロセスの2つが質問紙法には存在している．このうち，質問紙法においては「質問項目に対応した回答の事

第3章 基礎情報学と社会調査研究の架橋可能性 47

前のコード化」と「質問項目と回答形式の読解（観察および意味解釈）」という2つの部分を，先行研究で信頼性の確認された項目を用いるという方法によって，安定化させているという特徴がある．

4. 質問紙法を用いた研究の実践

4.1 自己と他者の自律—他律性認識

　前節までで検討したように，社会システム／心的システムの観察記述の方法としての観察法，面接法，質問紙法にはそれぞれの特徴がある．本節では3つの調査法のうち，質問紙法を用いた研究の実践[5]を報告する．本節で報告する研究は前章でも紹介した第三者効果（third-person effect）の研究枠組みを利用するものである．ここで取り上げる第三者効果（Daivison, 1983）は，認知レベルの第三者効果と呼ばれるもので，第2章でも紹介したとおり，マスメディアが「自分に影響する」と考えている人よりも「他者に影響する」と考える人のほうが多いという現象である．認知レベルの第三者効果は，質問紙法で「あなたはメディアの影響を受けるか」「世間一般の人（他者）はメディアの影響を受けるか」という2つの質問について，肯定的—否定的の評定法で回答を求める．この認知レベルの第三者効果についての回答パタンを整理すると，表1のように整理することができる．

　この4類型の回答パタンはマスメディアからの影響の受け方について，心的システムとしての自己観察の結果と他者一般の心的システムを観察した結果[6]によって分類される．基礎情報学では理論的には人間（生物）は自律システムであり，コンピュータのような情報処理機械は他律システムであると明確に識別される．しかし，ある心的システムが他者の心を観察するとき，それはある意味で当該心的システムの環境の一部であり，他者の心を必ずしも自律的だとみなすとは限らない．これは自らの心を自己観察する場合も同じである．つま

5）この研究における質問紙調査は，日本全国の20歳から69歳の男女に対して行った郵送調査である．調査対象者は中央調査社のマスターサンプルから1000名を抽出した．調査期間は2017年1月から2月，回収数は468名（男性47.6%，女性52.4%）であった．

6）より正確にいえば，他者一般の心的システムを観察した結果として自己の心的システムに生じた認識について自己観察した結果というべきだろう．

表1 「認知レベルの第三者効果」についての回答パタン

		自分は	
		影響される	影響されない
他者は	影響される	①	②
	影響されない	③	④

り，自分や他者の心が，マスメディアからの影響を受けて他律的に作動しているようにみえる場合もありうる．基礎情報学の理論における自律性は，生物のオートポイエティックな作動の不可知性にもとづく「生命的自律性」であるが，ここで注目しているのは，社会の制約のもとで個人の思考や行動がどう影響されるかという「社会的自律性」に他ならない．たとえ人間の心が原理的にはオートポイエティックに，すなわち自律的に作動しているとしても，それを外側から眺めたとき，制約を受けて自由意思を妨げられているとみなされる場合も当然ありうるのである．

　つまり，基礎情報学で論じられる自律性（生命的自律性）から離れ，社会的自律性を考えた場合，心的システムが人間（＝心的システム）を観察したときに必ずしも自律システムとみなすとは限らない．自身や他者をマスメディアからの影響を受ける（入力によって出力が決まる）システムとみなす場合もありうる．認知レベルの第三者効果は，表1の分類では②のパタン（自分は影響されないが，他者は影響される）が多くなることを予測するものだが，これは必ず②のパタンになると言っているわけではない．論理的に考えうる①，③，④のパタンも生じうるのである．

　本節がもとづく調査では，安野（1996）を参考に，「投票日が近づくと，選挙についての世論調査の結果が報道されます」という文を示した上で，「あなたはその報道にどの程度影響されますか」「日本の有権者は，その報道に影響されると思いますか」という2つの質問項目について「非常に影響を受ける」「かなり影響を受ける」「あまり影響されない」「全然影響されない」という4件法で回答を求めた．前者の項目を自己観察，後者の項目を他者一般の観察とみなした上で，この4件法の選択肢のうち，「非常に影響を受ける」「かなり影響を受ける」を「影響される」に，「あまり影響されない」「全然影響されない」

表2 「認知レベルの第三者効果」についての回答分布

		自分は	
		影響される	影響されない
他者は	影響される	① 80	② 255
		17.5%	55.9%
	影響されない	③ 3	④ 118
		0.7%	25.9%

表3 各パタンのプロファイル

	男性（%）	年齢（平均）	短大卒以上（%）
①自他＝他律	35.0%	47.0	56.3%
② TPE	53.3%	45.6	51.6%
④自他＝自律	44.9%	46.2	48.3%

を「影響されない」に分類した場合の回答パタンの分布が表2である.

　認知レベルの第三者効果に関する先行研究が示してきたように，②のパタン（自分は影響されないが，他者は影響される）がもっとも多くなったことが表2からわかる．③のパタン（自分は影響されるが，他者は影響されない）は0.7%とごくわずかしかいなかったが，①のパタン（自分も他者も影響される），④のパタン（自分も他者も影響されない）はそれぞれ17.5%，25.9%とそれなりのボリュームとして存在していたことがわかる.

　ここで表2における②のパタンを「TPE（Third Person Effect）」群，①のパタンを「自他＝他律」群，④のパタンを「自他＝自律」群と呼ぶことにする[7]．なお，これらのパタンに属する回答者の人口統計学的プロファイルの概略を示したものが表3である．「自他＝他律」群で女性が多く，「TPE」群で男性が多いという傾向が見られたが（$\chi^2(2) = 8.772, p < .05$），年齢や学歴等については各群で特徴的と言える傾向は見いだされなかった．第三者効果については，学

7）③のパタンも大変興味深い存在であるが，この調査結果ではごく少数の該当者しかいなかったため，以降の分析では除外する.

50

歴の高い人間ほど自分よりも他者への影響を高く，また年齢の高い人間は，他者より自分へは影響しないと認識しやすいという知見があるが（Tiedge, et al., 1991），今回はそのような関係が得られているわけではない．一方で，男性の方が第三者効果を引き起こしやすい（また学歴や年齢は直接的な影響を与えていない）という日本国内のデータによる安野（1996）の知見と今回の結果は整合的であった．

　この自己と他者の自律―他律性認識の差異が前章で論じた「心的システムの自己観察」と「心的システムによる社会システムの観察」とどのように関わってくるのかが，続く分析の焦点である．

4.2　心的システムの自己観察

　まず，心的システムの自己観察と，自己と他者の自律―他律性認識の差異がどのように関わるのかを同様の調査結果から検討していく．ここで検討するのは心理学において「自尊感情（self-esteem）」と呼ばれる概念である．

　自尊感情とは，自尊心とほぼ同義のものとされ，自己の全体に対する比較的安定した包括的評価を指す．質問紙法による主要な自尊感情測定尺度にはローゼンバーグの尺度，クーパースミスの尺度，ジャニスとフィールドの尺度があるが（清水, 2001），本章で取り上げる調査ではローゼンバーグの尺度（Rosenberg, 1965）の邦訳版（山本・松井・山成, 1982）を用いた[8]．自尊感情（自尊心）は時間的，状況的に安定している特性としての自尊感情と，様々な日常的な出来事によって一時的に変化が生じるような状態としての自尊感情に分けられるが，ここで取り上げているのは前者の特性的自尊感情である．

　この自尊感情得点の平均値を「TPE」群，「自他＝他律」群，「自他＝自律」

8）この尺度は10項目からなるが，「もっと自分自身を尊敬できるようになりたい」は堀（2004）の指摘にもとづき，除外した．用いた9項目は「少なくとも人並みには，価値のある人間である」「色々な良い素質を持っている」「敗北者だと思うことがよくある（反転項目）」「物事を人並みには，うまくやれる」「自分には，自慢できるところがあまりない（反転項目）」「自分に対して肯定的である」「何かにつけて，自分は役に立たない人間だと思う（反転項目）」「自分は全くだめな人間だと思うことがある（反転項目）」「だいたいにおいて，自分に満足している」であった．これら9項目について「あてはまる」から「あてはまらない」の5件法で回答を求めた．9項目の信頼性係数は $a = .883$ であり，各項目得点を単純加算して項目数で除して自尊感情得点とした．

群ごとに算出すると，それぞれ 3.52 点（SD 0.70），3.47 点（SD 0.76），3.40 点（SD 0.69）であった[9]．この平均値の比較を行う一元配置分散分析を行った結果，この 3 群の間で自尊感情得点の平均値に統計的に有意な差は認められなかった（$F(2, 445) = 1.30, p = .27$）[10]．つまり，「TPE」群，「自他＝他律」群，「自他＝自律」群の間で自尊感情に差があるとはいえないという結果である．

4.3 社会システムの観察

次に，心的システムによる社会システムの観察と，自己と他者の自律―他律性認識の差異がどのように関わるのかを検討する．ここで検討するのは心理学で「公正世界信念（belief in a just world）」と呼ばれる概念と，政治学や社会学で「政治的有効性感覚（political efficacy）」と呼ばれる概念である．

まず，公正世界信念から検討していく．公正世界信念とは正当世界信念と呼ばれることもある概念である．「公正世界（正当世界）（just world）」とは良いことをすれば報われ，悪いことをすれば罰を受ける世界，言い換えれば，正の投入には正の結果，負の投入には負の結果が伴う世界である．つまり，公正世界信念とは，世界（≒社会システム）をそのような公正世界であると認知する傾向のことをいう（Lerner, 1980；Rubin & Peplau, 1975）．本章で取り上げる調査では公正世界信念を今野・堀（1998）の尺度によって測定し，得点化した[11]．

この公正世界信念得点の平均値を「TPE」群，「自他＝他律」群，「自他＝自律」群ごとに算出すると，それぞれ 2.68 点（SD 0.69），2.89 点（SD 0.61），2.60 点（SD 0.64）であった．公正世界信念得点は 1 点から 5 点までの値をとるもので

9）自尊感情得点に欠損値があり，「TPE」群で 4 名，「自他＝自律」群で 1 名が分析から除外された．

10）この結果について，性差およびパタンと性差の交互作用効果も考慮した二要因分散分析も行ったが，自尊感情については有意な性差（またパタン間の差および交互作用効果）は認められなかった．

11）この尺度は「この世の中では，努力はいつか報われるようになっている」「この世の中では，努力や実力が報われない人も数多くいる（反転項目）」「この世の中では，悪いことをしたものは必ずその酬いを受ける」「この世の中では，悪いことや間違ったことをしても見逃される人が数多くいる（反転項目）」の 4 項目で構成され，「あてはまる」から「あてはまらない」の 5 件法で回答を求めた．4 項目の信頼性係数は $\alpha = .602$ であり，各項目得点を単純加算して項目数で除して公正世界信念得点とした．

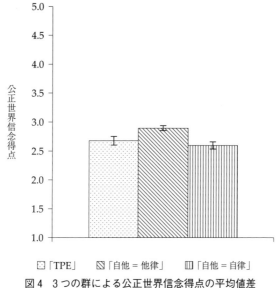

図4 3つの群による公正世界信念得点の平均値差
エラーバーは標準誤差

あるため,いずれの群でも尺度の中間点である3点に平均値は満たなかった.しかし,3群の間で平均値を比較すると,統計的に有意に「自他=他律」群の平均値が他の2群に比べて高いという結果が得られた($F(2, 450) = 5.04, p = .01$)[12] (図4)[13].

この結果からは,まず,この調査で用いた尺度における測定では,いずれの群においても「どちらともいえない」にあたる3点に満たない平均値であったことから,全体として公正世界に対して否定的な側に回答が寄っていたといえる.つまり,いずれの群においても平均的にみた場合には(絶対的にみて)「公正世界信念が強い」とは言えない結果であった.その一方で,一元配置分散分析による3群間の平均値差の検定の結果から,「自他=他律」群が他の2群に

---

12) 一元配置分散分析後の多重比較検定はBonferroni法によって行った.
13) 性差およびパタンと性差の交互作用効果も考慮した二要因分散分析の結果,3群間の有意差は認められたが,性差および交互作用効果は認められず,検出された3群間の差異は性別によるものではないと判断できる.

第3章 基礎情報学と社会調査研究の架橋可能性 53

比べて「相対的には」公正世界信念が強い傾向にあることが示された．各群の得点分布に着目すると，「TPE」群と「自他＝自律」群では公正世界信念得点が3点以下であった回答者がそれぞれ79.2%，81.4% であったのに対し，「自他＝他律」群では67.5% であった．つまり，「自他＝他律」群では他の2群に比べて，世界が公正世界かどうかを問う項目に対して肯定的に回答したものの割合が高かったといえる．

　続けて，もう一つの「社会システムの観察」に関わる変数として，「政治的有効性感覚（political efficacy）」を検討してみよう．政治的有効性感覚とは，市民が政府や議会などの政治過程に対して何らかの影響力を持つことができるという感覚ということができる．政治的有効性感覚は細分化すると，政治家や政党，政府などが有権者の要望に応答してくれるという外的政治的有効性感覚（external political efficacy）だけでなく，自分自身が政治などの動き，仕組みが理解できるという自己の能力に関する内的政治的有効性感覚（internal political efficacy）も含まれるため（久米・川出・古城・田中・真渕，2011），「自己観察」も含む概念といったほうがよいかもしれない．しかし，民主主義政治という社会システムの観察の要素を含む概念であるため，ここでは「社会システムの観察」に関わる概念として分析する．本章で取り上げる調査では日本版総合的社会調査（JGSS）（谷岡・仁田・岩井，2008）で使われている政治的有効性感覚の項目を用いて測定を行った[14]．

　ここまでの分析と同様に，政治的有効性感覚得点の平均値を「TPE」群，「自他＝他律」群，「自律＝自律」群ごとに算出すると，それぞれ3.32点（SD 0.82），3.26点（SD 0.68），3.08点（SD 0.77）であった．この政治的有効性感覚得点も1点から5点までの値をとるものであり，中間点は3点であるため，どの群においても平均値が中間点を上回っていたことがわかる．さらに，この3群による平均値の差について検定を行った結果，統計的有意差が認められた（$F(2, 448)$

14）「自分のような市民には政府のすることに対してそれを左右する力はない」「政治や政府は複雑なので，自分には何をやっているのかよく理解できない」「選挙では大勢の人々が投票するのだから，自分一人くらい投票しなくても構わない」の3項目を用いた．回答は「強く賛成」から「強く反対」までの5件法で求めた．3項目の信頼性係数は a =.705であり，3項目に対して否定的であるほど得点が高くなるようにした上で，各項目得点を単純加算して項目数で除して政治的有効性感覚得点とした．

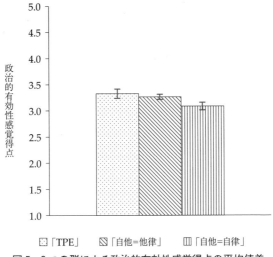

図5 3つの群による政治的有効性感覚得点の平均値差
エラーバーは標準誤差

= 3.75, p = .02)[15]．多重比較検定（Bonferroni法）の結果，「TPE」群と「自他＝自律」群の間に有意な平均値の差があることが示された（図5）[16]．

この分析結果からは，まずどの群の政治的有効性感覚得点の平均値も中間点である3点よりやや高い程度の得点であったことから，いずれの群においても絶対的に水準でみて平均的に政治的有効性感覚が高い／低いということはなかったといえる．その中で，もっとも平均値の高かった「TPE」群ともっとも低かった「自他＝自律」群の間には有意な平均値差は認められたが，「自他＝他律」群と「自他＝自律」群の間では有意な平均値差は認められなかった．このこと

---

15)「TPE」群で政治的有効性感覚得点に欠損値のあった2名を分析から除外した．
16) 政治的有効性感覚については，男性＞女性という性差が有意となっており（$p < .001$），男性の方が政治的有効性感覚を高く抱いている結果であった．4.1で確認したように「TPE」群には男性が多いので，分析結果における政治的有効性感覚の「TPE」群＞「自他＝自律」群という結果は，一定の程度で性差に起因する側面がある．しかし，性差を加えた二要因分散分析でも同時にパタン間の差異も有意となっており（$p < .1$），性差とは独立して3群間には政治的有効性感覚の10％水準で差異が認められ，そのあり方も3群間のみの差の分析と同様に「TPE」群＞「自他＝自律」群というものであった．なお，この両者が組み合わさった交互作用効果については有意ではなかった．

から，公正世界信念得点の分析では「TPE」群と「自他＝自律」群の間で有意差は認められなかったが，政治的有効性感覚得点の分析では「TPE」群と「自他＝自律」群の間で有意差が認められたということになる．この点は，「TPE」群の特徴を検討する上で重要な点となりうる．

4.4　分析結果のまとめと考察

「心的システムの自己観察」に関わる概念として自尊感情を取り上げ，「TPE」群，「自他＝他律」群，「自他＝自律」群の3群間での自尊感情得点の平均値の比較を行った．だが，3群間で有意な平均値差は見出されず，自己と他者の自律—他律性認識のパタンによって自尊感情の差は示されなかったといえる．ローゼンバーグの自尊感情尺度は「他者との比較により生じる優越感や劣等感ではなく，自身で自己への尊重や価値を評価する程度」（清水，2001）をとらえるものとされているが，自己への尊重や価値評価は社会的比較過程のなかで形成される側面がある（高田，1992）．本章で論じた「心的システムの自己観察」は，他者（他の心的システム）との関係や社会システムの制約のなかで生じるものとして理論的側面から再検討していく必要があるだろう．

一方，公正世界信念と政治的有効性感覚という2つの「社会システムの観察」に関わる概念についての分析では，自己と他者の自律—他律性認識の差異との間に一定の関係が見いだされたといえる．一方で，社会システムの観察のあり方と自己と他者の自律—他律性認識の差異の関係は，当然のことだが1対1の対応関係にあるような単純なものではなく，「平均的にみた場合の差異」や「相対的にみた場合の高低」に過ぎない．この点をふまえた上で，得られた結果について考察を加えておこう．

公正世界信念は換言すれば，「良い投入（入力）」に対しては「良い結果（出力）」が，「悪い投入（入力）」に対しては「悪い結果（出力）」が生じるという世界観（社会システム観）と表現できよう．そして，政治的有効性感覚は市民による「入力」に対する政治システムの「応答（出力）」に関する感覚についての概念と表現することができそうである．こうとらえた場合，本章での分析結果からは，「自他＝他律」群は「入力と出力が対応する社会」観／信念を有する傾向にある一方，「自他＝自律」群は「入力と出力が必ずしも対応しない

社会」観／信念を有する傾向にあると考えられる.

「TPE」群については「自他＝他律」群に比べて公正世界信念得点が低い一方で,「自他＝自律」群に比べて政治的有効性感覚得点が高いという傾向が得られた. この点から,「入力と出力の対応関係」という観点だけでは「TPE」群の傾向を論じることは難しい. 本章での分析から明確な結論を出すことはできないが,認知レベルの第三者効果がマスメディア（報道）システムから個人への影響に関する認知を問題にするものであり,政治的有効性感覚が政治システムに関する認知を問題にするものである点が関係している可能性はある. 公正世界信念は特定の「社会制度」を問題にしているとはいえないが,認知レベルの第三者効果はマスメディアシステム,政治的有効性感覚は政治システムという「社会制度」を問題にしている点で共通点がある. 認知レベルの第三者効果において,他者への影響力の認知はメディアの影響力に関する一般的な信念によるという指摘があり（McLeod, et al., 2001；安野, 2007）,この点が認知レベルの第三者効果の枠組みを用いた自己と他者の自律―他律性認識の分類において「TPE」群と「自他＝自律」群の差異に関わると考えられる.「TPE」群にみられた政治的有効性感覚の高さはそうした「社会制度」に対する信念に関わる可能性が考えられる.

一方で,認知レベルの第三者効果には自分が他者よりもすぐれているとみなす自己高揚バイアスが関わるという指摘もある（安野, 2007）. 政治的有効性感覚には前述のように内的政治的有効性感覚が含まれており,自己評価の高さが概念のなかに含まれる可能性も考えられる. つまり,「TPE」群に含まれる回答者には自己高揚バイアスが働いており,その自己評価との関係において政治的有効性感覚のうち自己の能力に関する部分が高く見積もられた可能性もある. この点については自尊感情得点で有意差が見いだされなかったこととの関係も含めて検討していく必要があるだろう.

5. おわりに

本章では基礎情報学が対象とする情報／メディア／コミュニケーションの経験的研究を行う分野であるメディア効果研究の立場から,経験的研究と基礎情

報学の関係を検討した．基礎情報学では観察記述に重要な理論的意味付けがなされており，経験的研究の手法はまさにその観察記述の行為であるという点について本章ではまず検討を行った．この点について，本章では観察記述というプロセスを中心に検討を行ったため，社会調査法におけるもう一つの重要なプロセスである対象者の選び方（サンプリング）については十分な検討を行えなかったという問題が残る．この点については稿を改めて検討する必要があるだろう．

　「社会」をその研究対象とする社会学において，その観察は基礎情報学で指摘されるとおり，内部観察になるという点は社会学の方法において重要な問題の一つである（佐藤, 2011）.「科学」では客観性が重要であるが，特に「社会」を研究対象とする学問においては「客観性とはなにか」という問題がそもそも重要な問題として存在する（盛山, 2013）．また近年，コンピュータサイエンスの発展は計算社会科学（computational social science）という領域を生み出した（Lazer, et al., 2009）.「ビッグデータ」の予測力を背景として伝統的な世論調査のあり方が疑問視されるケースもあるように，社会調査法の意義を問い直す見方もありうる．経験的研究におけるこうした問題を検討する上で，基礎情報学の理論的枠組みは有用であると考えられる．

参考文献

Davison, W. P. (1983) "The third-person effect in communication," *Public Opinion Quarterly*, 47(1): 1-15.

南風原朝和・市川伸一・下山晴彦（2001）『心理学研究法入門』東京大学出版会

堀啓造（2004）「Rosenberg 日本語訳自尊心尺度の検討」Retrieved from https://www.ec.kagawa-u.ac.jp/~hori/yomimono/sesteem.html（2018.06.11 access）

保坂亨・中澤潤・大野木裕明（2000）『心理学マニュアル 面接法』北大路書房

伊藤哲司・能智正博・田中共子（2005）『動きながら識る，関わりながら考える』ナカニシヤ出版

今野裕之・堀洋道（1998）「正当世界信念が社会状況の不公正判断に及ぼす影響について」『筑波大学心理学研究』, 20: 157-162.

久米郁男・川出良枝・古城佳子・田中愛治・真渕勝（2011）『政治学 補訂版』有斐閣.

Lazer, D., Pentland, A. S., Adamic, L., Aral, S., Barabasi, A. L., Brewer, D., ..., & Jebara,

T. (2009) "Life in the network: The coming age of computational social science," *Science*, 323(5915): 721-723.

Lerner, M. J. (1980) *The belief in a just world: A fundamental delusion*. Springer Science+Business Media.

McLeod, D. M., Detenber, B. H., & Eveland, W. P. (2001) "Behind the third-person effect: differentiating perceptual processes for self and other," *Journal of Communication*, 51: 678-695.

森玲奈（2012）「質的調査法」清水康敬・中山実・向後千春（編）『教育工学研究の方法』（pp. 99-118）ミネルヴァ書房

中澤潤・大野木裕明・南博文（1997）『心理学マニュアル 観察法』北大路書房

西垣通（2004）『基礎情報学』NTT 出版

西垣通（2012）『生命と機械をつなぐ知』高陵社書店

Rosenberg, M. (1965) *Society and the adolescent self-image*. Princeton University Press.

Rubin, Z., & Peplau, L. A. (1975) "Who believes in a just world?," *Journal of Social Issues*, 31: 65-89.

佐藤郁哉（1992）『フィールドワーク』新曜社

佐藤俊樹（2011）『社会学の方法』ミネルヴァ書房

盛山和夫（2013）『社会学の方法的立場』東京大学出版会

清水裕（2001）「自己評価・自尊感情」堀洋道（監修）山本眞理子（編）『心理測定尺度集 I』（pp. 26-43）サイエンス社

高田利武（1992）『他者と比べる自分』サイエンス社

谷岡一郎・仁田道夫・岩井紀子（2008）『日本人の意識と行動』東京大学出版会

Tiedge, J. T., Silverblatt, A., Havice, M. J., & Rosenfeld, R. (1991) "Discrepancy between perceived first-person and perceived third-person mass media effects," *Journalism Quarterly*, 68: 141-154.

山本真理子・松井豊・山成由紀子（1982）「認知された自己の諸側面の構造」『教育心理学研究』, 30: 64-68.

安野智子（1996）「メディアの影響力の認知は世論形成を媒介するか：第三者効果による世論形成過程モデルの試み」『選挙研究』, 11: 46-60.

安野智子（2007）「第三者効果」山田一成・北村英哉・結城雅樹（編）『よくわかる社会心理学』（pp. 142-145）ミネルヴァ書房

第4章 ビッグデータ型人工知能時代における情報倫理

個人的次元／社会的次元の峻別と二重性に着目して

河 島 茂 生

1. はじめに

人工知能やロボットが耳目を集めるとともに，情報倫理の重要性はますます高まりつつある．ここでまず踏まえるべきは生命と機械の異同である．なかには両者を区別しないアプローチもある．たとえば，ルチアーノ・フロリディ（Luciano Floridi）の情報哲学が挙げられる．フロリディの情報哲学は，極限まで倫理の範囲を拡大した（Floridi, 2010）．フロリディによれば，生命倫理や環境倫理は生物中心的であり偏向している．高等哺乳類や生物，自然環境にとどまらず，情報的に理解できる存在物すべてが道徳的価値をもっており，それらの全体を圏と捉えることで非生物も公正に扱われるという．しかしながら，生物も人間もコンピュータも「情報」という概念で記述できるからといって，これらを一緒に語ってよいのだろうか．人間を含む生物と機械との間には埋めがたい差がある．最先端技術の結集である人工知能でも，それは変わらない（河島, 2016）．機械は，後でいうアロポイエティック・システムであり，人間によって設計・製造・維持されるものであり，人間の指示どおり動くように要請されている．技術的人工物である機械にまで保護される権利を与えてしまえば，損壊したとしても捨てられない．あるいは人間が勝手に電源を切ったり改変したりすることが躊躇われる．人間が機械と対等に扱われる事態さえ招きかねない[1]．こうした事態は，情報倫理の淵源として挙げられるノバート・ウィナー（Norbert Wiener）がもっとも危惧したことである（Bynum, 2005；西垣, 2010）．情報倫理は，やみくもに範囲を拡大するよりも，むしろ生物のありかたに第一義的に目配りし，生物との異質性／関係性のなかで情報技術の果たす役割・機能を論じる姿勢を保つべきではないだろうか．

アロポイエティック・システムである情報技術の作動の責任はあくまで人間が負うべきである（Johnson & Noorman, 2015；河島, 2016）．そうであるならば，

1）西垣通と竹之内禎は，フロリディの情報哲学の目的である情報圏におけるエントロピーの縮減に焦点を当て，情報通信技術の分野ではむしろエントロピーを拡大させるイノベーションが求められていることや観察者についての考察が浅いことを批判している（Nishigaki & Takenouchi, 2009）．

62

人工知能技術による意思決定支援が取りざたされている現在，その内的メカニズムの倫理性については十分に検討することが求められる．これまでにない大量の多種多様なデータが次々と生みだされ，それを人工知能等によって解析して問題解決の糸口を見出すこともできるようになった．しかし，人工知能によって我々の社会はより公正になり，個人としての尊厳がより尊重されるようになるのだろうか．人工知能による分析によって抜け落ちる面はないのだろうか．

　こうした問題意識のもと，本章は，ネオ・サイバネティクスの理論に依拠しながら，生の根源的なありように目を向けた情報倫理の基盤作りを図り，そのうえで人工知能との関わりについて検討する．具体的には，基礎情報学における視点移動の操作により社会的次元と個人的次元との倫理的ありかたの違いを確認し，人工知能倫理の課題を議論していく．ネオ・サイバネティクスの理論にもとづくことで，人間を含む生物と人工知能との差異を視野に収めながら，人間の心理の領域には人工知能が組み込まれていないことや，社会の領域に人工知能が介在することで歪んだ自律性が生じ一部の人々の社会的排除につながってしまう危険性，心理レベル／社会レベルの倫理性の個別性ならびに相互依存性が指摘できる．

　特に心理レベル／社会レベルの倫理の個別性や相互依存性は，ネオ・サイバネティクスの理論の一角を占める基礎情報学の視点移動の操作によってはじめて照らしだすことができる．ネオ・サイバネティクスの研究において倫理に関する言及はこれまでも見受けられてきた．たとえばウンベルト・マトゥラーナ（Humberto Romesín Maturana）は，人間は他者を愛し他者との間で反省的な言語活動を行う生物であるゆえ，自分の行動が他者に与える帰結を理解しケアする倫理をもっているという．またフランシスコ・ヴァレラ（Francisco Javier Varela）は，東洋思想に依拠しながら，食べたり話したり動いたりする行為と同様，日々の生活での身体的行為（enaction）によって倫理的な行動を体得しうるとした．あるいはハインツ・フォン・フェルスター（Heinz von Foerster）は，選択肢の数を増やすように行動することが倫理的であると評した．しかしこうした立論では，他者に寄り添う心理領域と社会全体の公正さとの違いや相互連関を視野に収めることができない．すでに西垣通（2014）によって基礎情報学を援用した社会レベルの倫理の研究はなされているが，本章は，その議論

の範囲を心理レベルにまで拡張し，人工知能倫理を論じていく試みである．

2. 概念装置

本章では，ネオ・サイバネティクスの理論のなかでも特にオートポイエーシス理論および基礎情報学の視点移動の操作を参照して議論を進める．そこでまずこれらの概念について簡単に確認しておく．

オートポイエーシス論は，単位体として生命を存立させる内部のメカニズムを定義づけるために立論された．そこでは，オートポイエティック・システム（autopoietic system）とアロポイエティック・システム（allopoietic system）が対比的に区分されている．オートポイエティック・システムとは，みずからで自己（auto）を制作（poiesis）するシステムを指す．内部でその作動を作り出し決定する自律システムである．具体的には，細胞や神経系，免疫系が例に挙げられ，これらは生命システムと総称される．

さまざまな研究者によってオートポイエティック・システムの概念は，生命の領域だけでなく，心理や社会の領域にも適用可能であることが指摘された．心理レベルのオートポイエティック・システム（以下，心的システム）は，構成素である思考が次なる思考に絶え間なく連接しながら存立する[2]．個々の思考は志向性があり，常に「……に関する」思考がシステム内部で産出されていく．心的システムの思考には，論理的思考だけでなく感情も含まれる．社会レベルでのオートポイエティック・システム（以後，社会システム）も確認される．社会システムは，人間それ自体ではなく，コミュニケーションを構成素として生起する．したがって，たとえ特定の人がいなくなったとしても，一定のコミュニケーションが連接すればよい．構成素の連続的な生起は，不確実性を抱えながらもしばしば安定した状態を形成する．

人間は，生命システム／心的システム／社会システムの動的かつ重層的関係

2）心的システムのオートポイエーシスは，みずからが自律的に思考していると自覚することではない．ネオ・サイバネティクスの観点からいえば，たとえ自分が他者に依存していると思っていたとしても，その思考がその人のなかで産出され，他者からはその思考を容易に操作できない点において自律的とみなす．

のなかで生きているが，加えてアロポイエティック・システムも作り出してき
た．アロポイエティック・システムはオートポイエティック・システムに対比
されるシステムであり，自己産出するのではなく他者（allo）によって生産
（poiesis）されそれ自身とは異なるものを作り出す．そして，その動きは人間
が設定した目的に規定される．もし指示どおりに動かなければ故障である．
2012年ごろから始まった人工知能の第3次ブームの中心をなす技術的人工物
もアロポイエティック・システムである（河島，2016）．なぜならば，人工知能
の要求仕様を固め，どのような機械学習の手法を採用するか，いかなるハード
ウェアを用意するか，どういったデータを読み込ませるかといったことは，人
間が多分に関与し，一定の入力に対して一定の出力がなされるように調整され
ているからである．

　ここで留意すべきは，オートポイエティック・システムもアロポイエティッ
ク・システムも，そのようなシステムとして同定する存在が欠かせないことで
ある．そうした存在を観察者という．観察者は，言語を運用する能力を備えた
心的システムであり，すなわち人間の心理が該当する（Maturana & Varela，1980 =
1991；西垣，2004）．観察者は，オートポイエティック・システム／アロポイエ
ティック・システムの作動などに目を向け環境を分節化する．オートポイエテ
ィック・システムに内属する位置に立てば，その内的作動に注意を払い，いか
にして内部で現実が構成されているかに焦点を合わせる．特に倫理的問題を検
討するにあたって軽視できないのは，観察者が相手の心理の内側を眺めるよう
に相手の立場になって思考する能力をもっていることである．もちろん当事者
そのものになりかわることはできない．ただし想像上のこととはいえ，相手の
心に去来しているさまざまな思いを推し量ることができる．基礎情報学におい
ては，心的システム自体は，それ自体を自己観察できるため，例外的に観察者
としての心的システムがほかに存在しなくても，単独システムとして成立する
とした．ただし，本章では第3節で述べるように，他者の心的システムを観察
する心的システムの立ち位置に倫理の萌芽を見出している．

　こればかりか心的システムは，観察者となりえるのに加え視点移動の操作も
可能である．オートポイエティック・システムとして社会システムを見て人間
を交換可能とみなす立場に立つこともできれば，オートポイエティック・シス

テムとして心的システムを捉える観点にも立つことができる．基礎情報学は，心的システムの視点移動の操作により，社会システム／心的システムの間に階層性を見出した．それまでのオートポイエーシス論では，社会システム／心的システムは並行関係にあり，上下関係にはない．しかし基礎情報学は，次のような条件で考えたときに社会システム／心的システムの上下関係が成立するとした（西垣，2003）．

（1）システム A に内属する観察者の視角から見て，システム A がオートポイエティック・システムとして出現するのに対し，システム B はアロポイエティック・システムとして立ち現れる．

（2）システム B に内属する観察者の視角から見て，システム B がオートポイエティック・システムとして出現するのに対し，システム A は非明示的存在にとどまりアロポイエティック・システムとして出現しない．

これら（1）（2）の条件がともに成り立つとき，システム A とシステム B との間に階層関係が見出せる．システム A が上位のシステムでありシステム B が下位のシステムである．社会システムと心的システムの間でいえば，社会システムが上位にあたり心的システムが下位にあたる．

上位システムと下位システムとの間には拘束関係が働く．たとえば，日本の社会システムのなかでは日本円が流通している．大半の場所では日本円しか受け取ってもらえない．したがって，個人の心的システムがどのように思おうとも，日本で物品を購入するには日本円を使わざるをえない．

図 1 は，これまでの説明を概略的に示したものである．社会システムの観察者たる視点からすれば，個人には拘束が働いている．対して，その個人に寄り添う視点からするとオートポイエティック・システムとしての心的システムが立ち現れる．また次節以降で詳しく述べるけれども，社会的次元にある社会システムの倫理性は正義の倫理にあたり，個人的次元にある心的システムへの配慮はケアの倫理に近い．社会システムは，“人間＝機械”複合系になっている一方，心的システムに直接機械は入り込んでいない[3]．

念のために述べておけば，オートポイエーシスであること自体が倫理的であ

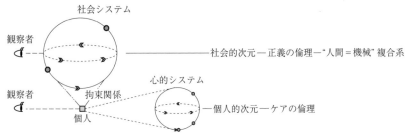

図1 社会システムと心的システムとの位置づけ

るわけではない．すべてのオートポイエティック・システムを等価に扱うことは実践的な問題としては難しい．というのも，もし等価であれば，人間は動物のみならず植物でさえも食べることができなくなるからである．また，人間の生活を脅かす害虫や害獣，害鳥も駆除できなくなるからである．あるいはガン細胞やマラリア原虫，HIV，エボラウィルスのように，人間の身体を蝕むオートポイエティック・システムも存在する．生命システムだけでなく心的システムや社会システムのレベルでも同様である．自己意識に苦しみ，自分が自分であることに息苦しさや不快な感情を抱くことも少なくない．社会システムでは，インターネット上の「炎上」のように，きわめて暴力的で特定の人間を追いつめるオートポイエティック・システムも存在する（河島，2014）．オートポイエティック・システムそれ自体が善であるとはいえない．それゆえ，次節では倫理学の思索を参考に論述を進める．

3. 視点移動の操作による倫理的課題の整理

本節では，前節で述べた概念装置に依拠しながら，またこれまで倫理学で培われてきたケアの倫理／正義の倫理を参照しながら，心的システム／社会シス

3）図1は、読者に分かりやすくするためのイメージである．実際には，社会システムと心的システムの円の大きさは，観察者と各システムの作動との相互作用によって描出されていく．また個人は，社会システムによって形成されるが，社会システムの構成素ではない．加えて，個人のなかに心的システムが含まれているように思われるかもしれないけれども，そうではなく個人の内面を推し量る視線に立ったときオートポイエティック・システムとして心的システムが現れることを示している．

テムのそれぞれのレベルにおける倫理的領域を確認する.

　倫理は後述する社会的次元で議論されることが多かった. けれども, 社会システム内の倫理だけでは重要な側面が抜け落ちる. すなわち, 心的システムに寄り添った倫理が欠落してしまう. 心的システムに耳をそばだてる倫理は, 一般的にはケアの倫理に似ているといえるかもしれない. ケアの倫理の学術的・社会的意義は, 心的システムの内面への道徳的配慮を照らしだすことにある. 社会的次元ではなく, オートポイエティック・システムとして心的システムを観察するレベルから倫理を考える契機を与えてくれる.

　心的システムのうちには, 幸福感や安堵感, 希望が抱かれることもあれば, 怒りや恐怖, 罪の意識が湧き上がってくることもある. こうした心的システムの内側に寄り添うようにして, その人にとって価値ある情報を見出してケアする.

　先に述べたように, また当事者研究が示しているように, 当事者と観察者との間に落差は生じる. 当事者そのものの人生は, その当人だけが生きるものであり他者がなりかわることはできない. 心的システムの思考は, 一人称のクオリアを覚え私秘性を帯びる. 観察者は, その内面に接近することしかできない. しかしたとえそうであっても, 呻きに似た痛みに耳をそばだてることは可能である. この能力が相手の身になって考える道徳的配慮の起点であるといってよい. 相手が失意に沈んでいるのを見るにつけ, 自分が苦しかったことを思い出し気づかう. みずからと同じような心的システムをもち, 想像上の立場交換が可能であるがゆえに, 相手に類似性を感じ配慮するのである. また当人にとっての盲点は, 他者からは見えることもあり, しばしば他者の言葉が救いとなる. いうまでもなく当人の心的システムは, 作動的閉鎖系であるゆえ他者の言動をどのように解釈するかはその内的状況に委ねられる. けれども, その心的システムの作動を観察し変化させるきっかけをもたらすことは可能である. それが心的システムの倫理の意義である.

　心的システムへの道徳的配慮を伴う個別具体的な経験を通じて社会レベルの道徳的共同体のイメージが形成される. 社会システムを観察する観点に立ち, 道徳的共同体をイメージする段階である. 道徳的共同体は社会システムのレベルで存立する. 互いにコミュニケーションを重ねながらともに社会システムを

形成している存在は，相互に依存し合っているがゆえに共生の対象となる．みずからも共生の只中で個人として生きていることに気づかされる．そのようにイメージできる範域の縁が道徳的共同体の境界であるといってよい．

社会的次元である道徳的共同体の倫理は，正義の倫理の名のもとに，富の分配や機会平等などについて検討を加えてきた．正義の倫理は，周知の通り功利主義／自由主義（リバタリアニズム／リベラリズム）／共同体主義に大きく分かれるが，そのいずれもがそれぞれの観点から社会的な公正さについて議論を積み重ねている．ネオ・サイバネティクスの用語でいえば，正義の倫理は，社会システムを見ている観察者の観点から公正さについて検討しているといってよい．これらのなかでは共同体主義が個別の人々のつながりに重きを置いているけれども，全体としては偏りなく，非人称的・三人称的に公平性を担保する議論である．個人の内面を寄り添って眺める視点から立論されたものではなく，個人の心的システムは一義的な価値をもっていない[4]．それは，たとえばハーバート・ライオネル・アドルファス・ハート（Herbert Lionel Adolphus Hart）の功利主義に関する言明に端的に現れている．「個人は本質的な重要性をもたず，重要であるところのもの，すなわち快楽ないし幸福の全総計の断片が位置している点として重要であるにすぎない」（Hart, 1983 = 1990: 229）．社会システムでは，コミュニケーションの結節点として個人が現出する．コミュニケーションの連続的継起こそが社会システムにとって一義的であり，個人は入出力関係で捉えられ，アロポイエティック・システムとして現れる．なお，個人の権利を強く訴える自由主義の立論でも心の内面については議論の範疇から外れている．というのも，個人の心の内面は個人の自由や権利の範囲内であり，むしろ積極的に立ち入らないことが望ましいとさえいえるからである．

看過してはならないのは，社会システムの次元で見ると，すなわち社会システムを観察している観点からすれば，個人は社会システムの拘束・制約を受けているということである．たとえば，なんらかの問題を抱えている学生がいる．教員は，その学生の相談に乗っている際は，思いやりをもって当該学生の心的システムに去来する苦悩を見つめようとする観察者である．ただし具体的な対

4）ただし，イマヌエル・カント（Immanuel Kant）の倫理学は，個人の内面にある義務感や誠実さを道徳の基準とするため，社会的次元の倫理を論じたとはいえない．

応策を練る段になると，社会システムを観察する位置に立ち，その制約のなかでできうる道徳的配慮をしていかざるをえない．大学教育の場では，レポートや試験結果などの課題内容を踏まえて成績をつける．これらの課題をまったくこなしていないにもかかわらず，単位認定することはできない．ほかの学生との公平性を担保しながら個別に対応していかなければならない．社会システムによる拘束・制約は否定的なものばかりではない．それがあるからこそ，公平性が保たれ，また法やガイドラインといったものにしたがって個人は安心して判断し行動できるのである．

　誤解を避けるために付け加えておけば，社会的次元の観察者から見ると社会システムからの拘束を心的システムが受けるからといって，心的システムへの倫理的配慮が無に帰すわけではない．ポール・スロヴィック（Paul Slovic）らは，実験的調査をもとにして，統計的な数字で悲惨な社会的問題の全体像を示したとしても，人々は「心理的無感覚」（psychic numbing）に陥り，それほど深く社会的問題を捉えないと述べた（Slovic, 2007；Västfjäll & Slovic & Mayorga, 2014）．むしろ個別具体的な困窮者のストーリーを前面に出したほうが人々の注意を引く．つまり社会的次元で困窮者のようすを数字で示すよりも，困窮者の心的システムの内面を覗き見られるようにしたほうが他者の倫理的配慮を導きやすい．したがって，他者の心的システムへの共感がなければ，社会システム内の倫理は存立基盤を失いかねないことが見えてくる．明示的であると否とを問わず，他者の心的システムへの共感が働いてこそ，社会システムの倫理的制度が維持・改善されるのである．

4. 人工知能をめぐる倫理的課題

　本節では，情報倫理の課題として人工知能に関わる倫理的問題について述べる．まず個人的な次元でいえば，2018 年現在，これまでと変わらず心的システムは，その内部で構成素たる思考を連接していくオートポイエティック・システムである．心的システムのなかに人工知能が直に組み込まれて動作している段階には達していない．もちろん，サイボーグ技術は人工内耳，人工眼，脳深部刺激療法など治療目的ですでに実用化されている．したがって，心的シス

テムと密接な関係にある神経系にまで入り込んでいる．また脳波測定の精度が増し，人間の脳のリバースエンジニアリングに向けた大規模な研究が着手されている．ただし神経系は，隣接しているとはいえ心的システムにとってあくまで環境，すなわちシステムの外部であり，また人工知能技術等によって心的システムの思考が直接的に操作可能になっているわけではない．今後，人間とコンピュータとの一体化がさまざまに進められていくだろうが，心的システムの閉鎖系にまで人工知能が及んでいないことは確認しておくべきことである．心的システムは，生命システムを基盤としながらそれ自身で思考を間断なく生みだす閉鎖系であり続けている．

　また人工知能技術が進展しても，心的システムの倫理が社会的次元に完全に回収されることはない．後に述べるように社会的次元では，人工知能技術等の計算により，人間は単なるデータを格納したりデータを入出力したりするアロポイエティック・システムに見える．しかし個人的次元では，人間は思いやりをもって接するオートポイエティック・システムである．唯一性や私秘性をもった自律システムであり，自分と想像上の立場交換を可能とする存在である．観察者たる自分だけでなく，相手もオートポイエティック・システムであり，相手の心情を顧慮しなければならない存在である．この心的システムの倫理があってはじめて，社会的次元の倫理が守られる．というのも前述したように，心的システムへの道徳的配慮が共生の基盤であるからである．危惧すべきは，社会的次元ばかりに注目が集まり心的システムの次元が顧みられなくなってしまうことである．そうなれば人間は，単なるアロポイエティック・システムにすぎなくなり，機械と同一視されてしまう．人工知能によってその機能が代替されてしまえば人間の尊厳が脅かされてしまいかねない．人工知能時代であっても，心的システムの内面に配慮した慈しみが欠かせない．

　社会的次元の倫理的問題はどうだろうか．いうまでもなく，ビッグデータ型の人工知能は人間が認識できないほどの大量のデータを処理し，実際のサービスに組み込まれることが増えてきた．すなわち，社会システムのコミュニケーション連鎖のなかでコンピュータ技術が組み込まれた「"人間＝機械"複合系」（西垣，2008）が成立している．そこでは人間は，データを生みだす存在，あるいはデータの集合体として捉えられる．また，さまざまな変数の相関関係のな

かでどのような入力をすればいかなる出力を返すかが予測される存在である．そのような状況下で，人工知能が倫理的な問題を惹起することもしばしば見受けられる．たとえば2015年夏，グーグルの写真自動認識サービスで黒人の写真に「ゴリラ」とタグづけしてしまった問題が起きた．また2016年春，マイクロソフトの人工知能がTwitter上で人種差別的・性差別的な発言を連発し，すぐさまサービス停止に追い込まれた問題も起きている．あるいは，黒人と白人ではつけられるファーストネームにはっきりとした違いがあるけれども，DeShawnといった黒人の名前で検索すると，白人の名前に比べて犯罪履歴の有無を調べられるサービスの広告がより目立って表示された（Sweeney, 2013）．実際に逮捕歴がなくとも「DeShawn, arrested?」といった広告が出てくると，それだけで負のイメージが作られかねない．さらには，人工知能の進展によって失業者が増え経済的不平等が広がっていくのではないかという懸念も挙がっている．

　人工知能は，意思決定支援にまで活用されている．コンピュータの予測の精度が人間のそれを上回るという調査結果も数多く出てきている（たとえばGrove, et al., 2000）．先に参照したスロヴィックらの研究によると，一般的に人々は統計的な数字にさして興味を示さない．心的次元の倫理だけでは場当たり的になってしまい，社会全体の最適化を図るには不十分である．計算モデルによって社会全体を俯瞰的に見ていくことが欠かせない[5]．もちろん，「アルゴリズム嫌悪」（algorithm aversion）なる現象もあるだろう（Dietvorst & Simmons & Massey, 2014）．この現象は，たとえアルゴリズムが人間よりも正確な予測をしても，人間は，アルゴリズムの予測を選ばず人間による予測を好み，アルゴリズムのミスを見るとすぐさまアルゴリズムに信頼を寄せなくなる事象を指す．これは，人間あるいはカーナビゲーション・システム（以下，カーナビ）のルート案内のミスに対する反応の違いを浮かべれば分かりやすい．カーナビが一度でも間違うと，人間はそれを許さずカーナビのルート案内にあまり信頼を置かなくなる．アルゴリズムのほうが予測精度が高いにもかかわらず，人間は人間の判断

5）いうまでもないことだが，介護保険制度のように計算モデルを用いて社会システムの資源配分を公正に行ったとしても，人々の怨嗟ばかりが聞こえてくることもあるだろう（柴田, 2014）．その場合は，社会全体における資源の総量の不足であるといわざるをえない．

を重視しがちである．とはいえ，これほどまで人工知能が高度化してくると，重大な意思決定の場面で人工知能が人間にはない視野を提供してくれる期待が大きく高まっている．

そうしたなか，人工知能の内部処理が社会システムのなかでの公正さや平等性を担保するものになっているかを検証しなければならない．基礎情報学の用語でいえば，人工知能が組み込まれた社会システムの作動を観察して，人工知能の働きによって倫理性が損なわれないように注視しなければならない．そうでなければ，歪んだ差別や排除の生成・助長につながってしまいかねないからである．犯罪の検挙や企業の人事，与信審査などに大きな影響を与えかねない．アメリカでは犯罪リスク評価のコンピュータ・システムがすでに法廷に持ち込まれているが，Propublica の調査によると，黒人の被告は，実際よりも犯行が常習化すると推定されているのに対して白人の被告は不当に低くリスクが算定されていた（Larson, et al., 2016）．遺伝的な肌の色で危険度評価が変わってしまっている．公正さが担保されていなかった．また，顔写真データを用いた犯罪者の自動推定も試みられている（Wu & Zhang, 2016）．この研究では，もっとも正確性が高かった判定法で 10%以上の誤りがあった．またあくまで確率論であり，顔が犯罪者のカテゴリに属すからといって，その人物が必ず罪を犯すとは限らない．このような自動判定プログラムが社会に広まると，重大な差別を生みだす恐れがある．顔は，生得的に形作られる要素が大きいからである．社会システムのコミュニケーションが倫理性を失い，特定の人間の人物像が歪んで構築されかねない．

現代社会は，人工知能を含めたコンピュータ技術によって人々が得点化される「スコア社会」（the scored society）でもある（Citron & Pasquale, 2014）．ビッグデータにより，たとえ断片的であっても従来よりも多面的に個人に関するデータが数多く集まり，それらを組み合わせていくことによって人物像が形成され点数化される．コンピュータ技術による個々人に対するスコアリングは，人生を左右するほどの潜在的能力をもっている．シトロンらは，大学を出て就職に失敗した若い女性が仕方なくファストフード店でパートタイムの労働についたにもかかわらず，その低賃金労働がさらに雇用可能性のスコアを下げることにつながり，最終的にはフルタイムの職を得ることができなくなってしまった

仮想の例を出している．この例では，社会システム内のコミュニケーションの一形態である就職失敗という決定が連鎖的に彼女にとっての負の決定を誘発している．社会システムの自律性が負の方向に立ち上がり，人間はアロポイエティック・システムとしてのデータの集積体として扱われ，社会システムの作動に拘束されている．彼女は，そうした社会システムに拘束され，社会システムの流れを変えることができない難しい状況に追い込まれている．さらに，彼女の低い信用スコアは，大黒岳彦（2016）がいう「孤人」——さまざまな社会システムから連鎖的に排除された人——に頽落する入り口である可能性すらある．経済的状況だけでなく，家族関係や医療といった領域まで負の連鎖が及んでしまいかねない．

　第3次ブームを支えるビッグデータ型の人工知能は，素朴な見方ではこれまで以上に大量のデータを解析するので偏見が消えてなくなると思われるかもしれない．たしかにこれまでにないほどの多種多様な大量のデータが処理されているのであり，その意味では人工知能のデータ処理を検証することは一部分とはいえ，非明示的で可視化されなかった不公平や偏見を明るみに出すことにつながるだろう．過去の人々が多くの偏見や差別意識に囚われていたように，我々もさまざまな偏見によっている可能性が高い．意識的にせよ無意識的にせよ，未だに確固たる根拠なしに顔や身長，姿勢，声色，住まい，性別などによって意思決定が大きく影響されることもあるだろう．民族や肌の色，宗教，出身国，年齢，性別，婚姻関係の有無，公的扶助を受けた理由によって差別が起きていることも皆無とは言い切れない[6]．そういった不公平な偏見が人工知能によって明示化されることによって解消に向かうことが望ましい．けれども当然のことながらビッグデータであっても，社会システムやその痕跡のありとあらゆるものを収集しているわけではない．アメリカのホワイトハウスや連邦取引委員会がビッグデータについて注意喚起したように，必ず偏向性が生じる（The White House, 2014；Federal Trade Commission, 2016）．連邦取引委員会は，低収入や十分な社会サービスを受けられていない人々の排除につながらないように，ビッグデータを扱う企業に対して「データの代表性」「モデルに入り込んでいる偏見」

6）アメリカの連邦取引委員会が所管している信用機会平等法（Equal Credit Opportunity Act）では，こうした民族等の違いにより，差別を行うことが禁じられている．

「予測の正確性」「倫理的な問題の誘発」を考慮するように推奨している．これは，ビッグデータ型人工知能を使って社会システムを解析する際についても留意が求められる項目である．

ここで想起してもらいたいのは，社会システムを観察している視点からすれば，社会システムのありかたが個人を制約していることである．オートポイエティック・システムとして個人を観察して心の内面をケアしようともしても，社会システムの拘束が働いている．社会システムにおいて，人工知能が介在することによってそのコミュニケーションの流れが歪な方向に導かれているのであれば，問題発見・問題解決に至らない．ある顔貌や身長といった生物学的特徴が会社内の有用な人材に広く見られる特徴であることが人工知能の判定で出された場合，入社試験を完璧にこなした人でも落とされる人が出てくる．本人の意思がどうであれ，本人の不可知の領域で採用の判断が決められ，人生の行方が拘束される．たとえ本人に公開されたとしても人工知能の計算処理は，科学的信憑性を一般的に帯びるため，異議申し立てしづらい．したがって，社会システムの倫理性を確保していくのはきわめて重要な意義を帯びている．

こうした人工知能の倫理性の検証や妥当性確認にあたっては，どのようにすればよいだろうか．我々は，社会システムを観察／記述することができる．観察／記述の役割は，これまでほとんど専門家だけが担ってきたが，インターネット社会では専門家に加え一般の人々もみずからの観察を記述することが可能である．それが社会システムの刺激となり，動態的変化を引き起こす契機となる．

そのためには，開発者や人工知能の処理結果を用いて他者に大きな影響を与えるサービスを提供する者（以下，開発者）の経済的活動・技術開発に十二分に配慮しつつ，人工知能が人々に信頼され受け入れられるためにも，透明性や制御可能性，説明責任が守られる必要がある[7]（たとえば The White House, 2016；House of Commons Science and Technology Committee, 2016；AI ネットワーク社会推進会議, 2017）．そうでなくては，社会システムに組み込まれた人工知能の果た

7）IEEE Standards Association は，P7001 で人工知能の透明性の標準化を目指し，また透明性のレベルを評価する仕組みを作ろうとしている．また P7003 でアルゴリズムが引き起こす負の偏見を特定し削除する方法の標準化が試みられている．

第4章　ビッグデータ型人工知能時代における情報倫理　75

している機能を観察／記述することが難しい．もっとも人工知能の内部処理は，どのようなデータを読み込ませているかを含めて企業の競争力の源泉であり，またコストが増えることもあり，完全に公開されることはないといってよいだろう．加えて，説明責任といっても機械学習の内部状態は，読み込むデータとともに変動していくものであり，すべての日時の内部処理の状態を保存しておくことは事実上，困難である．自動運転車については，航空機の運営に準じた規制体制が提案されている（Windfield, 2016）．しかし人工知能全体に適用するとなると，人工知能の定義が明確に定まらない状況下ではどこまでを対象としなければならないか判然とせず，その審査体制の実現性は乏しい．人工知能内部のメカニズムはきわめて複雑であるゆえ，特に複数の人工知能が相互に連結した場合には複雑性がさらに増すゆえ，そのまま公開しても専門家以外には理解できない．簡潔で分かりやすい表示が求められることもあるだろう．

　したがって人工知能の倫理性を検討するにあたっては，開発者の経済的活動や技術開発を過度に阻害しないよう慎重に目配りしながら，第一に一定レベルの抽象度を保って内部公開を求めることが望ましい．つまり開発者側は，読み込んだデータの項目や量，期間，詳細度ならびに項目間の計量的な重みづけなどの概要を可視化することが適当である[8]．これにより人工知能の作動が公知性を帯びる．また，人工知能の計算結果が相関関係にもとづく確率論的推論であることも明示化しておくとよい．もっとも先に述べたアルゴリズム嫌悪なる現象が見て取れるため，人工知能の内部処理を完全なるかたちで公開していけば，ビッグデータ型の人工知能は確率モデルに則っているゆえ，人々からの信頼を獲得できない恐れすらある．けれども，科学的信憑性が伴った人工知能の判定が決定論的に受け止められると，偏見が生成・助長され社会システムが負の自律性をもって立ち上がり個人の尊厳が脅かされる懸念が生じてくる．ある顔貌をしているからといって，罪を犯すことが確定しているわけではない．人工知能の判定は完全ではない．たとえ社会システムの作動が安定して一定の傾

8）当然のことながら，人工知能の内部を透明化したとしても公正さのチェックが行き届かない場面も容易に想像できる．そのため，神嶌敏弘が取り組んでいる公正配慮型データマイニングや内部のデータをシャッフルさせて偏向性を抑制するテスト方法なども有功であると目される（Feldman, et al., 2015）．

向が見出せるとしても不確実性が内在していることに目を向けるようにしておくことが求められる。加えて，特に生命や人生を大きく左右する場面に導入される場合には，監査証跡のような仕組みを導入して事故があった後で詳細な検証が可能なコンピュータ・システムを構築することも重要である。証跡管理のアプリケーションに似たコンピュータ・プログラムを使い，削除や編集ができないようにしたデータを記録・保存しておき，事故があった後に検証していく。さらにいえば，繰り返しになるが人工知能は人間が作るアロポイエティック・システムであり，その意味で開発者側に有責性がある。しかしそれだけではなく，利活用する側にも人工知能が万能ではないことを意識して最終的な意思決定は自分によるものとして引き受けることが不可避といえる。東京大学医科学研究所は，IBM の Watson を使って何千万にも上る論文や薬品の特許，ガン変異のデータを解析してシークエンスデータから得られた遺伝子変異の候補を絞り込んだがその候補のなかから最終的には医師が判断して病名や治療方針を固めている。このように人間が関与して最終的な意思決定していくことが利用者側の責任放棄を招かないためにも妥当な方策であるといえる。むろん完全自動運転車が普及したときなど，将来的には人間が機械を操作したほうがかえって危ないケースも想定される。しかしその場合でも，あえて操作しないという意思決定も人間側の責任の範域として受け止めることが求められる。

　なお，先に述べたようにビッグデータには必ず偏向性が生じるため，完全なる公正性は半ば幻想であるといってよい。たとえばレイチェル・タットマン（Rachael Tatman）は，YouTube の字幕の精度が男性の声に関しては高いにもかかわらず，女性の声に関して低いことを指摘した（Tatman, 2017）。字幕は，人工知能の音声認識技術により自動生成されており，学習データが男性のほうが多かったために女性よりも認識率が高かったと考えられる。こうしたことは頻繁に起こりえる。この例のように学習データに偏りが少しでもあればそれが認識率に影響するからである。したがって，あまりにも過度に公平性に拘泥するとビッグデータをもとにした人工知能のサービスを展開できなくなってしまう。開発の萎縮につながってしまいかねない。他者の心的システムを鑑み，あるいはともに社会システムを支える共生の存在であることを忘れず，その人たちの人生にどれだけ深刻なダメージをもたらすかを考え，必要な場合に人工知能の

非公正性を批判していくことが開発の萎縮を招かないために条件づけられる.

5. 結　論

　ネオ・サイバネティクスの理論を参照すれば，人工知能はアロポイエティック・システムであり，その作動の責任は人間側にある．そうした観点のもと，本章では，情報倫理の基礎的な議論を行い，人工知能に関わる倫理を検討してきた．具体的には，オートポイエーシス論や基礎情報学における視点移動の操作により社会的次元と個人的次元との倫理的ありかたの違いを確認した．心的システムの次元の倫理は，相手の心理への道徳的配慮であり，社会的次元の倫理的基盤をなすものである．この心的システムの領域には，現在でも人工知能が直接入り込んでおらずオートポイエティック・システムのまま作動している．このことを忘れてしまえば，人間は機械と同等であり交換可能なアロポイエティック・システムのみに還元されてしまう．むしろ人工知能には，渡邊淳司 (2014) が心臓ピクニックや心音移入などの作品制作を通して行っているように，自他がともにオートポイエティック・システムの集合体であることに気づかせ，相手との想像上の立場交換を促す機能が望まれる．一方，社会システムでは人工知能が入り込んでいる．社会のありかたは個人を拘束するゆえにそこでの倫理性の担保はきわめて重要な意義を帯びる．社会システムの自律性に人工知能が加わることで差別の生成・助長が起こることも想定しなければならず，注意が要される．

　本章で残された課題について述べる．本章で取り上げなかったにもかかわらず，人工知能に関わる倫理的問題について検討するべき点は複数ある．代表的な例を挙げれば，情報収集のカスタマイズ化（フィルター・バブル）などの心的システムの環境の領域，サイボーグ倫理，人工知能を活用した軍事兵器の問題，個人情報の統合の扱いなどである．こうした論点については本章に残された課題であるといえる．

謝辞
　本章の研究は，科学研究費補助金若手研究（B）「人工知能・ロボット・サイボーグ

の倫理的問題に関する理論的かつ実証的研究」（平成 29 年度—平成 31 年度，代表：河島茂生，研究課題番号：17K12800）による研究成果の一部である．

参考文献

Bynum, T. W. (2005) "Norbert Wiener's Vision" Cavalier, Robert J. ed. *The Impact of the Internet on Our Moral Lives*. State University of New York Press, pp. 11–26.

Citron, D. K. & Pasquale, F. (2014) "The scored society," *Washington Law Review*, 89: 1–33.

大黒岳彦（2016）『情報社会の〈哲学〉』勁草書房.

Dietvorst, B. J., Simmons, J. P., & Massey, C. (2015) "Algorithm Aversion," *Journal of Experimental Psychology*, 144: 114–126.

Federal Trade Commission (2016) "Big Data". (https://www.ftc.gov/system/files/documents/reports/big-data-tool-inclusion-or-exclusion-understanding-issues/160106big-data-rpt.pdf　アクセス日 : 2018/7/1).

Feldman, M, Friedler, S., Moeller, J., Scheidegger, C. & Venkatasubramanian, S. (2015) "Certifying and removing disparate impact". KDD '15 Proceedings of the 21th ACM SIGKDD International Conference on Knowledge Discovery and Data Mining: 259–268.

Floridi, L. (2010) *Information*, Oxford University Press.

Grove, W. M., Zald, D. H., Lebow, B. S., Snitz, B. E., & Nelson, C (2000) "Clinical Versus Mechanical Prediction," *Psychological Assessment*, 12(1): 19–30.

Hart, H. L. A. (1983) *Essays in jurisprudence and philosophy*, Clarendon Press. （矢崎光圀他訳（1990）『法学・哲学論集』みすず書房）

House of Commons Science and Technology Committee (2016) "Robotics and artificial intelligence". (http://www.publications.parliament.uk/pa/cm201617/cmselect/cmsctech/145/145.pdf　アクセス日 : 2018/7/1).

Johnson, D. G. & Noorman, M. (2015) "Recommendations for Future Development of Artificial Agents". (https://ieeexplore.ieee.org/stamp/stamp.jsp?arnumber=6969195　アクセス日 : 2018/7/1).

河島茂生（2014）「創発するネットコミュニケーション」西垣通・河島茂生・西川アサキ・大井奈美編『基礎情報学のヴァイアビリティ』東京大学出版会，pp. 75–96.

河島茂生（2016）「ネオ・サイバネティクスの理論に依拠した人工知能の倫理的問題の基礎づけ」『社会情報学』5(2): 53–69.

Larson, J., Mattu, S., Kirchner, L., & Angwin, J. (2016) "How We Analyzed the COM-

PAS". (https://www.propublica.org/article/how-we-analyzed-the-compas-recidivism-algorithm　アクセス日：2018/7/1).

Maturana, H. R. & Varela, F.J. (1980) *Autopoiesis and Cognition*, D. Reidel Publishing Company（河本英夫訳（1991）『オートポイエーシス』国文社）.

西垣通（2003）「オートポイエーシスにもとづく基礎情報学」『思想』951: 5-22.

西垣通（2004）『基礎情報学』NTT 出版.

西垣通（2008）『続 基礎情報学』NTT 出版.

Nishigaki, T. & Takenouchi, T. (2009) "The Informatic Turn," *Journal of Socio-Informatics*, 2(1): 81-90.

西垣通（2010）「ネオ・サイバネティクスの源流」『思想』1035: 40-55.

西垣通（2014）『ネット社会の「正義」とは何か』KADOKAWA/角川学芸出版.

柴田邦臣（2014）「生かさない〈生‐政治〉の誕生」『現代思想』42(9): 164-189.

Slovic, P. (2007) "If I look at the mass I will never act," *Judgment and Decision Making*, 2(2): 79-95.

AI ネットワーク社会推進会議（2017）「AI ネットワーク社会推進会議報告書」

Sweeney, L. (2013) "Discrimination in Online Ad Delivery". Communications of the ACM, 56(5): 44-54.

Tatman, R. (2017) "Gender and Dialect Bias in YouTube's Automatic Captions," *Proceedings of the First Workshop on Ethics in Natural Language Processing*, 53-59.

The White House (2014) "Big Data". (https://obamawhitehouse.archives.gov/sites/default/files/docs/big_data_privacy_report_may_1_2014.pdf　アクセス日：2018/7/1).

The White House (2016) "Preparing for the Future of Artificial Intelligence". (https://obamawhitehouse.archives.gov/sites/default/files/whitehouse_files/microsites/ostp/NSTC/preparing_for_the_future_of_ai.pdf　アクセス日：2018/7/1).

Västfjäll, D., Slovic, P., & Mayorga, M. (2014) "Whoever Saves One Life Saves the World". (http://globaljustice.uoregon.edu/files/2014/07/Whoever-Saves-One-Life-Saves-the-World-1wda5u6.pdf　アクセス日：2018/7/1).

渡邊淳司（2014）『情報を生み出す触覚の知性』化学同人

Winfield, A. (2016) "Written evidence submitted by Professor Alan Winfield (ROB0070)". (http://data.parliament.uk/writtenevidence/committeeevidence.svc/evidencedocument/science-and-technology-committee/robotics-and-artificial-intelligence/written/33812.html　アクセス日：2018/7/1).

Wu, X. & Zhang, X. (2016) "Automated inference on criminality using face images". (https://arxiv.org/pdf/1611.04135v2.pdf　アクセス日：2018/7/1).

第5章 ウェルビーイングの構成要因と情報技術による介入

基礎情報学的視点からの検討

渡 邊 淳 司

1. はじめに

私たちの身の周りには，知的生産性の向上を目的とした情報技術が溢れている．この原稿もパーソナル・コンピュータのワープロソフトで書かれているし，スマートフォンを使えば移動中でもインターネットから様々な情報を手に入れることができる．人間の生体情報や行動情報も容易に計測できるようになり，それらを利用した様々なサービスも開発されている．しかし，これらの技術はユーザの知的能力を向上させたとしても，その内部状態，つまりはユーザの心を豊かにすることはできたであろうか．近年，ウェルビーイング（Well-being）という人間の心の豊かさに関する概念が注目され，社会心理学の分野では，その構成要因に関する研究が進められている．しかし，これまで，ウェルビーイングという，定義が困難な概念を情報技術との関係の中で議論する試みは僅かであった．そこで，本章では，これまでの社会心理学によって挙げられてきたウェルビーイングの構成要因を，ユーザ個人の意味や主体の生成，そこからの情報の連関によるコミュニケーションや社会の生成といった基礎情報学的な観点（西垣，2004；西垣，2008）を参照しながら分類しなおし，その要因の向上へどのように介入することが可能か，ウェルビーイングを向上させるための介入技術に関する設計原理について，筆者のこれまでの実践を例に挙げながら考察する．まず，第2節において，これまでの情報技術が心的状態へどのような影響を与えてきたかを概説し，第3節において，ウェルビーイングの理論とその構成要因の例を挙げ，第4節では基礎情報学の観点を導入し，第5節にてウェルビーイングの構成要因の分類と，その向上のための介入について考察する．

2. 情報技術の普及と人間の心的状態への影響

スマートフォンをはじめとする携帯型情報端末の普及は，私たちを，いつでも，どこでも，インターネットへ接続された「ハイパー・コネクティッド（Hyper-Connected）」な状態へと移行させた．起床から就寝まで，私たちは，インターネット上のデータにアクセスし，送られてきたメッセージに反応し，そし

て，私たちも，誰かに反応するように働きかけている．このような状態は，誰もの情報処理能力を向上させたと言うことができるものの，一方で，その心身への負の影響も指摘されている．例えば，スマートフォン上の画面に注意を払い続けることは，常に緊張した状態を強いることになり，心身が弛緩することを妨げる．情報機器からのアラームは，目の前のことへの集中を阻害し，知的パフォーマンスを低下させる．目の前の人と話しているのに，スマートフォンで別の人とやり取りすることは，身体・無意識的な反応の対象（目の前の人）と，テキストなど記号的なコミュニケーションの対象（情報端末の向こうの人）が乖離するため，コミュニケーションの質が低下することは明白である．また，私たちに送られてくる情報は何らかのアルゴリズムによって最適化され，結局は私たちがよく見る情報に似た情報や，属性や趣向の似た人が買いたいと思うようなものの情報が送られてくるため，インターネットを通じて多様な世界とつながることができたとしても，結果として，その人の属性や趣向に偏った，発見の乏しい情報が送られてくることになる．近年指摘されるこれらの情報技術の負の側面は，情報技術が人間の心身に豊かさをもたらすための設計原理，極論すると技術の根源的な目標である「人間をしあわせにするための技術」に関する設計原理が未だ明らかではなく，むしろ現在の大きな課題となっているということを示している．

　そもそも，情報技術は，その誕生から発展において，人間の心の豊かさを扱うべき対象とみなしてこなかったともいえる．情報技術は，1940年代のジョン・フォン・ノイマン（John von Neumann）のプログラム内蔵式の計算機からはじまり（von Neumann, 1945），クロード・シャノン（Claude Shannon）の情報理論（Shannon, 1948）等，その端緒からユーザの内部状態や意味伝達といったものが，その射程には含まれていなかった．また，サイバネティクス（Cybernetics）と呼ばれるフィードバックにもとづく統計的制御理論を提唱したノーバート・ウィーナー（Norbert Wiener）は，生命にとっての技術を志向していたが，その理論における人間と機械の区分については，明示的に扱われることがなかった（Wiener, 1948）．しかし，1990年代になると，主張し過ぎない穏やかな情報提示を推奨した「Calm Technology」（Wiser & Brown, 1995）や，ユーザの感情を計測しそれにもとづいて情報の選択・提示を行い，ユーザの感情を

変化させる「Affective Computing」（Picard, 1998），情報技術による介入と心的状態の評価を融合させ，人間のウェルビーイング（詳細については次節参照）の実現を目指した「Positive Computing」（Calvo & Peters, 2014, 邦訳渡邊・チェン, 2017）といった学問分野が提唱され，情報技術と人間の心的な側面の関係性に注意が向けられるようになった．また，Google におけるマインドフルネス（Mindfulness）の実践（Search Inside Yourself Leadership Institute, 2007）や，『タイム』誌といった著名ビジネス誌でのマインドフルネスやウェルビーイングに関する言及（TIME, 2014）は，このような問題意識が一般にも広まりつつあることを示唆している．実際，これまでも，人間の心的状態を計測しフィードバックするデバイスが商品化されている．例えば，小石程度の大きさで圧力や加速度を計測可能なデバイスをベルトに装着し，ユーザの呼吸状態を計測，計測データから心的状態を推定し，振動や状態の視覚化によるフィードバックを行い，自分の心的状態に意識を向けることを促す製品が開発されている（Spire Inc., 2017）．また，眼鏡型のデバイスで，眼鏡の鼻に当たる部分から眼電位を計測し，そこから眼の動きや注意の動きを推定することができるデバイスも存在する（JINS Inc., 2017）．これらのデバイスは，必ずしも何かを効率的に達成することを目的としているのではなく，人間の心的状態と関連する生体情報を計測し，それをフィードバックすることで，ユーザ自身の心的状態に注意を向けることを促している．これらの製品以外にも，情報技術が人間の心的状態を扱い，介入を行う例はいくつか見られるものの，人間のウェルビーイングを向上させるために，どのような情報を計測し，どのように評価し，どのように介入すればよいのか，その設計原理が確立されているわけではない．

　これまで，身体が悪い状態から回復するための手順，つまり，怪我や病気をしたときに行うべき検査，評価，処置に関する手順はほとんど決まっている．精神医学の分野においても，症状を特定するのにどのような質問をすればよいのか，どのような化学物質が精神状態に影響するのかということがわかっており，その計測・評価によって薬が処方されるなど，その手順は厳格に決められている．しかし，ウェルビーイングに関しては，心理学にもとづく評価法と，計測・介入のための情報技術を結びつける設計原理に関する包括的な議論はほとんど行われていない．そこで，本章では，西欧でのウェルビーイングに関す

る認知心理学・社会心理学に関する知見を参照し，それらを基礎情報学的な観点から分類しなおし，ウェルビーイング向上のための介入，特に筆者の専門分野である触覚技術による介入（渡邊, 2014）に関する設計原理について考察する．

3. ウェルビーイングとは何か

ウェルビーイングとは，そのまま訳すと「being well」，つまり心身が良い状態であることを意味する．日本語の一般的な訳は存在せず，これまでは「心身の健康，安心・満足できる状態，幸福」などと訳されることが多かった．インタフェース研究者ラファエル・カルヴォ（Rafael Calvo）とデザイナーのドリアン・ピータース（Dorian Peters）による著書『ポジティブ・コンピューティング（*Positive Computing*）』では，3つのウェルビーイングの定義が述べられている．一つ目は，「医学的ウェルビーイング」（Medical Well-being）で，心身が病気でない状態で，機能的に不全でなく維持され，人間生活の基盤が成立していることがウェルビーイングであると考える定義である．二つ目は，「快楽的ウェルビーイング」（Hedeonic Well-being）で，その瞬間の快不快，主観的な感情として，気持ちがいいことやいい気分であることがウェルビーイングであると考える定義である．三つ目は，「持続的ウェルビーイング」（Eudaimonic Well-being）であり，人間が心身の潜在能力を発揮し，周囲の人との中で，いきいきと活動している状態をウェルビーイングとする定義である．これら3つの定義は相補的なものであり，『ポジティブ・コンピューティング』の中でも，ウェルビーイングは多次元的に評価すべきであると強調されている．

ウェルビーイングに関する研究は，近年，二つ目の定義である単純な快・不快の評価にとどまらず，三つ目の持続的ウェルビーイングに関する，主観評価や定量評価をあわせた多次元評価によるポジティブ心理学（Positive Psychology）と呼ばれる学問領域（Seligman, 2012）が注目を集めている．ただし，何がウェルビーイングの構成要因かということについては，研究グループや理論によって様々である．例えば，リチャード・ライアン（Richard Ryan）とエドワード・デシ（Edward Deci）が提唱した自己決定理論（Self Determination Theory）では，自律性（Autonomy），有能感（Competence），関係性（Relatedness) が重要な要因だと述べられている（基礎情報学においても，機械と生物を分ける概念として「自律性」が用いられているが（西垣，2016），本章では「自律性」を「人間が自分の自由意思にもとづいて行動している」という一般的な意味で使用する）．つまり，何かをする上で，自分の意図によって物事を行ったという感覚，自分にはそれを成し遂げる能力があるという感覚，そして，それが他者に認められ，他者とつながりをもつ感覚が重要であるとしている．

また，ポジティブ心理学の普及に大きな役割を担ったマーティン・セリグマン（Martin Seligman）は PERMA 理論を提唱した．PERMA とは，ポジティブ感情（Positive emotions），没頭（Engagement），関係性（Relationships），意義（Meaning），達成（Achievement）の 5 つをバランスよく満たすことが，豊かな生活の実現に必要だとする理論である．また，フェリシア・ハパート（Felicia Huppert）とティモシー・ソー（Timothy So）は，心の病と判定される症状と反対の状態を特定するという基準で，10 の状態をウェルビーイングの構成要因とした．それは，有能感（Competence），情緒的安定（Emotional stability），没頭（Engagement），意義（Meaning），楽観性（Optimism），ポジティブ感情（Positive emotion），良好な人間関係（Positive relationships），心理的抵抗力・回復力（Resilience），自尊心（Self-esteem），活力（Vitality）である．これら 10 の要因は自己決定理論や PERMA 理論とも重なる点が多く，ヨーロッパの多くの国で採用されている．要因のなかで，やや曖昧な語であるポジティブ感情については，バーバラ・フレデリクソン（Barbara Fredrickson）が，特に，喜び（Joy），感謝（Gratitude），安らぎ（Serenity），興味（Interest），希望（Hope），誇り（Pride），愉快（Amusement），鼓舞（Inspiration），畏敬（Awe），愛（Love）という 10 の要素がウェルビーイングに関連すると述べている．また，『ポジティブ・コンピューティング』では，ウェルビーイングの構成要因として，ポジティブ感情（Positive emotion），動機づけ & 没頭（Motivation & Engagement），自己への気づき（Self-awareness），マインドフルネス（Mindfulness），感謝（Gratitude）や共感（Empathy），思いやり（Compassion），利他行動（Altruism）といった要因をあげ，個人内に関する「自己（Self）」要因，個人間の関係に関する「社会的（Social）」要因，さらには個人の関係性を越えた「超越的（Transcendent）」という枠組みで分類を行っている．『ポジティブ・コン

ピューティング』の中では具体的な議論は行われていないが，超越的要因とし
て「精神性（Spirituality）」「社会的責任（Social Responsibility）」「謙虚さ（Hu-
mility）」等について言及されている.

　ここまでウェルビーイングを構成する要因についていくつかの理論を紹介し
たが，本稿では，その構成要因を分類し，それらを向上させる具体的な介入に
ついて検討するため，次節（第4節）で基礎情報学の観点を導入し，次々節（第
5節）でそれにもとづく構成要因の分類，介入について検討する.

4. 基礎情報学的観点の導入

　基礎情報学とは，人間を外側から客観的な視点で観察・記述するものではな
く，心や身体のありさまを内側から観察し，その上で，他者とのやりとりのな
かで生み出される情報の連関としてコミュニケーションや社会を位置づける，
生命から見た情報に関する学問領域である（西垣，2004；西垣，2008）. このよ
うな考え方は，人間を自己産出的な閉鎖系システム（オートポイエティック・シ
ステム（Maturana & Varela，1980））として捉えるもので，生物学者ヤーコプ・
フォン・ユクスキュル（Jakob von Uexküll）が提唱した生物学の概念である
「環世界」とも通じる. 基礎情報学的観点の導入に際し，はじめに「環世界」
という概念について取り上げる.

　　人間以外の主体と，その環境世界の事物との関係が演じられる時間や空間と，われわ
　　れ人間と人間世界の事物との間をつなぐ関係が展開される空間と時間とが，まったく
　　同一のものであるとする妄想にふけることが簡単におこなわれている. ／さらにこの
　　妄想は，世界というものはただ1つしか存在しないもので，その中にあらゆる生物主
　　体が一様にはめ込まれているという信仰によって培われている. （ユクスキュル & ク
　　リサート（1973）『生物から見た世界』，p. 27）

　これは，ユクスキュルの著作の中の一節である. 私たちが生きている環境に
は光，音，振動等，様々な刺激が溢れている. 生物は，それらの刺激の中から
自身の生存や生活に必要な情報をそれぞれのやり方で取り出して処理し，それ

にもとづいて行動している．それぞれの生物は閉じた世界（環世界）に生きており，それぞれの環世界は時間や空間の表象でさえも異なったものとなる．当然，人間も人間なりの認知特性，行動様式，身体的制約に基づいて，ひとつの環世界の中で生きている．例えば，ミツバチや蝶は紫外線に感度があり，それらの環世界には紫外線が情報として存在するが，人間の環世界には紫外線は存在しない．そして，このような違いは，生物学的な感覚器官の違いだけでなく，認知や言語，文化によっても異なるものである．つまり，あらゆる動物は「閉鎖系システム」として自分なりのルールに従って生きている．ただし，それがどんなルールであるのか，人間以外の動物が自覚的であることはないと考えられる．

　人間は，感覚─行動によって構成される自らの環世界を，メタ的な視点から記述し，主体的な自己（自らの意志で判断・行動する自己）を形成することができる．言い換えると，人間には，閉じた環世界の中で無意識に作動し続けるシステムとしての側面と，そのあり方を観察・記述するシステムとしての側面が同時に存在する．本章では，これらを「身体・無意識システム」，「意識システム」と区別して呼称し，議論を進める．基礎情報学では，無意識と意識の両方を含む概念として「心的システム」が定義されているが（西垣，2004：88-93），これまで両者の相違や境界について明確に区別するかたちで議論はなされていない。ここでは，身体・無意識の活動と情報技術の関係，意識的な活動と情報技術の関係，それぞれを議論するために，心的システムという語は用いず，あえて「身体・無意識システム」と「意識システム」の2つに分けて議論を進める。前者は身体の感覚器からの信号や循環器の情動的な反応にもとづく「無意識の思考（言語的ではないイメージ）」がつくる潜在的なシステム（意識システムにとってその動作や動作原理が不可知なシステム）であり，後者は意識的・自覚的な言語的思考を通じて自己，他者，環境を観察・記述するシステムである．この2つのシステムは，それぞれ非物質的なイメージの連なりや思考の連関によって規定される独立したシステムでありつつ，お互いに影響を与え合うものである（構造的カップリングを行っている）．

　このような身体・無意識システム，意識システムという観点からウェルビーイングの構成要因について述べると，例えば，何かに没頭しているときは，そ

の瞬間自分がどんなことをしているといった意識システムの観察や記述なしに，身体・無意識システムが作動し，行動を生み出している．また，逆に，自己への気づきの際に起きていることは，身体・無意識システムが生み出した行動や，過去の意識システムの作動，つまり記憶や外部メディアに残された記述にもとづいて，意識システムが再び自己を記述することといえる．このように，要因のほとんどは両方のシステムが均等に働くというよりは，要因によってどちらが主たる役割を果たしているかが異なり，身体・無意識システム／意識システムという分類は1つの分類基準となると考えられる．

　また，ウェルビーイングの構成要因には，良好な人間関係，感謝，共感といった他者とのコミュニケーションに関する要因も多く含まれている．基礎情報学において，心的システムは閉鎖系であり，原理的には，まったく同じ意味を他者に伝えることはできない．しかし，心的システム間でコミュニケーションが継続的に生成，継続されることで，それぞれの心的システムにおいて意味伝達が生じたような感覚が生み出される．つまり，人間の心的システムを閉じたものであるとしながらも，その情報の連関によって意味伝達が擬似的に生じているとするのである．例えば，ある人の心的システムの働きにより，「ありがとう」という感謝に関する発話行為が行われたとする．しかし，それだけではコミュニケーションは成立せず，その発話行為に「相手に対する感謝」という意味が生じることもない．その呼びかけに対して，相手からの「どういたしまして」という返答があってはじめてコミュニケーションが成立し，「ありがとう」は感謝の言葉，「どういたしまして」は返礼の言葉としての意味を帯びる．そして，感謝の行為者は相手に感謝が伝わったという感覚をもつことになるのである（意図どおりに伝わったかどうかは原理的に知ることができないが）．さらに，ここから生じる言語的もしくは身体・無意識的な意味の連関がコミュニケーションを継続させることになる．このように，基礎情報学においては，他者とのコミュニケーションを考える上で，心的システムから生じる言語的（意識的）もしくは身体・無意識的なコミュニケーションに関わる活動を構成要素としながら，さらに再帰的・自己産出的なシステムとしてコミュニケーションのシステムが生成・継続されるものと考える．

5. ウェルビーイング構成要因の分類と介入

第3節で取り上げた様々なウェルビーイングの構成要因を，第4節で述べた基礎情報学的視座，具体的には身体・無意識システムと意識システムとによる分類と，さらに，その対象が自己へ向けたもの（内省的）なのか，他者へ向けたもの（向社会的）なのかという違いから捉えると，次頁の表1のように再分類することができる．そして，それぞれのシステムの生成，継続を目的とした介入について検討する．

表1には自己決定理論，PERMA理論，ハパートとソーの10要因，フレデリクソンの10のポジティブ感情，『ポジティブ・コンピューティング』で取り上げられた要因を，重複を除いて，前節の観点から分類した．特に，意義については，自己認知的側面と他者評価的側面があるが，ここでは特に自己の要因として分類した．共感については，無意識的に生じる情動伝染としての共感と，相手の立場に立って感情を想像する視点取得としての共感を分けて記した．また，『ポジティブ・コンピューティング』で「超越的」として取り上げられている「思いやり」と「利他行動」については，本章の文脈では「他者」に近いと考え，そちらに配置した．「超越」に関しては，意識システム，無意識・身体システムの両方の働きがあると考えられ，あわせて別枠とした．

5.1 意識システム（自己）

意識システムの活動に関連するウェルビーイングの構成要因として初めに挙げられるのは「自己への気づき」である．これは，過去，現在，未来にわたって自分がどのような状態であるかということを認知するということである．自己への気づきは，思考の意識化だけでなく，身体の変化や感情の意識化をも含む（感情の意識化や制御に関しては，Goleman, 1995を参照）．その際，情報技術は大きな役割を担うと考えられる．第2節で述べた，呼吸や眼球運動を計測するデバイスや，Self-trackingと呼ばれるモバイルコンピューティングの分野がこれにあたる．また，例えば，これまで筆者らが行ってきた「心臓ピクニック」のワークショップ（渡邊・川口・坂倉・安藤, 2011）は，生命としての自己の存在に対する気づきを促進する体験である（図1）．「心臓ピクニック」のワークシ

表1　ウェルビーイング構成要因の基礎情報学的視点からの分類

	自己	他者	超越
意識システム	自己への気づき，動機づけ，自律性，達成，有能感，意義，自尊心，ポジティブ感情（希望，誇り），楽観性，心理的抵抗力・回復力	良好な人間関係（言葉），ポジティブ感情（感謝，愛），共感（視点取得），思いやり，利他行動	精神性，社会的責任，謙虚さ
身体・無意識システム	情緒的安定，マインドフルネス，ポジティブ感情（喜び，愉快，鼓舞），没頭，活力	良好な人間関係（身体），ポジティブ感情（安らぎ，興味，畏敬），共感（情動伝染）	

ョップでは，参加者は片手に聴診器，もう片手に振動スピーカ（心臓ボックス）を持つ．このとき，聴診器を自身の胸に当てて鼓動を計測すると，それが心臓ボックスから振動として出力される．この装置を使って心臓の鼓動を外在化／可触化すると，参加者は自身の心臓の動き（絶え間ない拍動）を自身の手の上の振動として触れることが可能になり，その体験を通して生命としての自己の存在が意識化されることになる．

　次いで意識システムの活動に関連するウェルビーイングの構成要因として，自分の意図で何かを行ったという感覚である「自律性」，何かを成し遂げたという感覚である「達成」，それを遂行する能力があるという感覚である「有能感」，成し遂げたことが何か大きな目的に貢献したと感じられる「意義」といったものが挙げられる．これらの要因はウェルビーイングの多くの研究で言及されているものの，一方で，その基盤となる，自分の行動の原因（責任の所在）や意図の帰属に関して，その因果関係を突き詰めると議論が困難になることが多い．そもそも日常において，物事が1つの原因から生じることはほとんどなく，自分の意志とは関係のない外部要因や複数の事象が絡み合って物事は生じている．そして，仮に，ある事象が誰かの行為によることが明らかであったとしても，そこにその人がいることは別の誰かがそこへ呼び出したからかもしれないし，事象を起こすための道具はまた別の誰かが作ったものかもしれない，というようにその原因の帰属はどこまでも縮退してしまう．

　また，認知科学においては，自由意志は必ずしも行動の原因でないことが実験的に示されている．アメリカの生理学者ベンジャミン・リベット（Benjamin

図1 「心臓ピクニック」ワークショップ体験の様子
(共同制作:ダンサー／コレオグラファー 川口ゆい,東京都市大学准教授 坂倉杏介,大阪大学准教授 安藤英由樹)

Libet)は,ある実験において,被験者に時計の針を見続けてもらいながら,いつでも自由なときに手首を持ち上げるように指示した.そして,手首を動かそうとする自分の意図を意識したときの時計の針の位置を報告してもらった.このとき,実際に被験者が答えた,意図の生成された時間より先に,人間が筋肉を動かすときに生じる準備電位(Readiness Potential)が生じることを確認した(Libet, Gleason, Wright, & Pearl, 1983).常識的には,手を動かす意志が生じ,その次に手首を動かす神経信号が筋肉に送られて運動が起こると考えられるが,行為の実施に関する決定は潜在意識(身体・無意識システム)で行われ,その信号にもとづき行為を実行する信号が送られ,その後,意識システムが「私がそれをした」と記述することになる.実験については,現在にわたっても様々な議論がなされているが,少なくともここで言えることは,身体・無意識システムよる行動の実施と,意識システムがその意図を感じる時間には乖

離があり，必ずしも意識システムが先行するわけではないということである．さらに，意識システムは，行動を決定する原因というよりも，自己の一貫性や同一性を保持するための行動記述の機能を担っているということが示唆される．言うならば，行為記述自体がその原因となる自由意志という存在を生み出しているのである．

　私たちの生きる世界において，完全なる主体的意志や完全に制御された行動は存在し得ない．因果律のなかでは，私たちが感じている自律性や達成，有能感，意義は，すべて擬似的なものということになる．しかし，私たちはそれを信じることなしに，心豊かに生きることはできない．実際，興味深いことに，擬似的なものであったとしても，自分に自由意志（自律性や達成，有能感と関連すると考えられる）があると信じることができなければ，モラルに反する動向を示すことが多くなり，不正行為に走り，他人に協力することをやめる，といった傾向が強まることも報告されている（Vohs & Schooler, 2008）．そうであるならば，擬似的であったとしても，意識システムにとって自分の意志の結果であったと記述できるような介入が必要ではないだろうか．例えば，ナッジ（Nudge）と呼ばれる，あらかじめ選択肢を用意しつつ，選択者の自律性を確保するような合意形成のあり方が提案されている（Thaler & Sunstein, 2009）．また，人間の認知特性にもとづく直接的な介入としては，人間の探索運動に着目することが考えられる．具体的には，筆者らが研究を行っている「Yu bi Yomu」（丸谷・植月・安藤・渡邊, 2013）という文章表示の方法は，薄く描かれた文字の上を指でなぞるとその部分が濃く表示され，文字が読めるという，能動的な指のなぞり動作を利用したものである（図2）．この提示方法では，なぞり動作に合わせて文字が現れてくるだけでなく，該当部分の音声を同時に再生することもできる．このとき，英語の文章や般若心経のように，正確に読み上げることが難しいコンテンツをYu bi Yomuによって再生すると，実際にはそのことを正確に実現できなかったとしても，能動的な指の運動に合わせて音声が再生されることで，あたかも自分がそれをしゃべっているような感覚が生じ，擬似的な自律性や達成，有能感の向上が生じると考えられる（安藤・渡邊・丸谷, 2014）．

　意識システムの作動においてウェルビーイングを実現させるには，「自己への気づき」といった，自分の状態に気がつくということと，「自律性」や「有

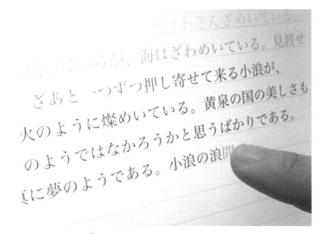

図 2 「Yu bi Yomu」を使用して読文する様子
(共同制作：NTT コミュニケーション科学基礎研究所 丸谷和史)

能感」といった自身の意志や能力について解釈を行うことの両方が必要になる．自己への気づきにおいては，できるだけ解釈をせず，ありのままを感じ記述する態度が必要となる一方で，解釈は，自然の因果そのものではなく，擬似的な状態を承知した上で，その状態を受け入れる手続きが必要になると考えられる．何かを成し遂げたというポジティブな結果に対して自分の意志を設定し，自律性や達成，有能感，意義を感じられるようにするとともに，逆の結果，ネガティブな結果に対しても，因果という視点からだけではなく，そこに意志を設定し，何らかの儀式のようなものを行うことで（責任を取ることで），もとの状態が回復されるような介入が必要になる（責任の概念に関しては，小坂井，2008 等を参照）．そして，このようなシステムの作動を継続するためのエネルギーとして，希望や楽観性といった未来への求心力や，よくない状況になったとしてもそれを乗り越える心理的抵抗力・回復力が重要になると考えられる．

5.2 身体・無意識システム（自己）

　身体・無意識システムの活動に関連する，個人内のウェルビーイングの構成要因としてまず挙げられるのは，「情緒的安定」「マインドフルネス」といった情動や感情の安定に関する要因である．情動や感情は，外部の刺激に対してど

のように反応するのかを決定する参照点であり，それが安定していることは一貫した心理状態を作り出すことができると考えられる．ただし，ここで情動や感情が安定しているということは，一定の状態を継続して外部刺激に対して反応しないということではなく，情動や感情の揺らぎがあっても，それに引きずられることなく，もとの状態へ戻ることができるということである．さらに，この要因は，自分に何かを言い聞かせるなど，過度に意識化することで身体・無意識システムを制御するような立場をとるものでもない．環境哲学者ティモシー・モートン（Timothy Morton）は，環境を意識化しすぎずに，ある種の「よくわからないもの」として，解釈を保留しつつ感じることの重要性を「アンビエンス（Ambience）」という言葉を使い述べているが（篠原, 2016），これらの要因は心身がアンビエンスの状態にあるということができるかもしれない．

　次に挙げられるのは，「喜び」「愉快」「鼓舞」といったポジティブ感情や，一心不乱に何かに集中する「没頭」であるが，ここで興味深いことは，「情緒的安定」「マインドフルネス」といった感覚や感情が安定するという要因と，何かに集中したり，喜びや楽しみを感じるといった一時的に覚醒度が上昇する（変化を作りだす）要因が同時に存在しているということである．このことは，身体・無意識システムが常に一定状態にあるというだけではなく，それが時に強く揺らぎながら，持続されているということが重要であるということ示唆している．それは，その揺らぎを継続させるエネルギーである「活力」とも関連するであろう．

　このような，半自動的な身体・無意識システムの作動を継続するための介入の方法のひとつとして，ゲーミフィケーション（Gamefication）という考え方が存在する．例えば，日常生活の様々な行動に対してあらかじめ報酬等を設定し，それを記録していくことで，報酬を自身に与え半自動的に行動を継続させようとするものである．私たちの日常生活においては，仕事に集中する時間だけでなく，心的に安定性をもたらすような介入（例えば，瞑想），また，喜びや楽しみをもたらす介入（例えば，笑顔を作るエクササイズ等）が，生活のリズムに合わせて行われることが望ましい．そして，瞑想のようにスキルを必要とするものだけではなく，半自動的に身体・無意識システムに安定をもたらすものとして，触覚のテクスチャを触れるなどの介入が考えられる．実際，ある

第 5 章　ウェルビーイングの構成要因と情報技術による介入　97

特定の材質のテクスチャに触れると，一定の感情が呼び起こされることが知られており（Ramachandran & Brang, 2008），そのような触覚による介入は 1 つの方法である．また，打ったときの反応が心地よいキーボードや，カチッとふたが閉まるような物入れというような，触覚的な快を引き起こす道具は，ポジティブ感情のための介入となる．「無限プチプチ」や「ハンドスピナー」といった，いつまでも触っていたくなる玩具は，触覚的な体験に没頭させる．人間の身体は，恒常的なリズムを持っており，半自動的な日常生活の中に，適切なタイミングで前述のような介入が，ゲームのように組み込まれることが身体・無意識システムへの介入に必要なことだと考えられる．

5.3　意識システム（他者）

　意識システムの他者との関連では，他者とのコミュニケーションの生成によって培われる「良好な人間関係」や，他者に対する「感謝」や「愛」，さらには，他者への「共感」，「思いやり」，「利他行動」等が構成要因となる．基礎情報学の観点では，自分の意図や思いがまったくその通りに伝達されるような情報伝達の形式は想定せず，複数の意識システムがコミュニケーションを生成／継続させたとき，そこに，擬似的な情報や意図の伝達が生じると考える．つまり，自分の思っているように，評価や感謝を相手に伝えたり，相手の心のうちを正確に知って共感することはできないが，その伝達の成否はコミュニケーションが持続できるような，行為のあり方に帰着することができる．これまで感謝の手紙を書くなど，直接的に表現することで感謝や愛といった向社会的なウェルビーイングの構成要因を向上させるポジティブ心理学の介入は存在していた．しかし，基礎情報学的観点から考えると，その表現を行うだけでなく，どのようにコミュニケーションを継続させるかという視点も必要になる．そういう意味で，筆者らが展示を行ってきた触覚だけによるコミュニケーションの体験「超未来式体感型公衆電話」（図 3 ）は，向社会的な介入に関する 1 つの新しい考え方を提供するものである．

　「超未来式体感型公衆電話」では，2 人の体験者がお腹と背中の部分に振動スピーカーのついたベルトを装着して，公衆電話のプッシュボタンを押すことで「ズキューン」「グサッ」「モコモコ」等のオノマトペで表された“お腹を突

図3 「超未来式体感型公衆電話」体験の様子

き抜ける振動"をお互いに送りあうことができる．公衆電話の通話機能は使用せず，9種の触覚の振動のいずれかを送ることでしか相手とのコミュニケーションが取れない．しかし，この触感によるコミュニケーションを2名で行っていると，いつしか，2人の間でルールができてきて何かが伝わるような感覚が生じることがある．予め触感とその意味が辞書的に決められていなくても，コミュニケーションの継続を通じて，何らかのコンテクストや意味が生成されてくる．このような新しいコンテクストの生成は，普段の生活においても多く見られる．他者との会話の連なりから，自分が考えてもいなかったことが口から出てくるという体験は誰もが経験したことがあるだろう．2人の間で交わされる会話にコンテクスト，リズムが生まれ，発話が次の発話を引き出し，それがある種の強制力を持ち，自己でもなく他者でもない別のシステムとして立ち現れる．このように，コミュニケーションの継続に着目した介入の中に他者への評価や感謝，思いやりの行動などを含めることが，他者に関するウェルビーイングの構成要因の向上へとつながると考えられる．

5.4 身体・無意識システム（他者）

身体・無意識システムという視点から，他者との関係で生じるウェルビーイングの構成要因として挙げられるのは，身体的に「良好な人間関係」といった一般的なものや，「安らぎ」「興味」「畏敬」といった原初的な他者への志向的

態度が存在する．私たちが他者とコミュニケーションをするときには，身体動作や呼吸，言葉の抑揚など，言語の記号的なやり取り以外の部分でもやり取りがなされる．コミュニケーションがうまくいっている状態では，話者同士の頷きや呼吸といった身体動作にあるパターンが生まれてくるため，その同期を引き起こすような介入はひとつの方向性として考えられる．

また，別の主要な構成要因として「共感」が挙げられる．私たち人間は，他者の動きを見たり，発せられた声や音を聞くと，そこで生じている感情を自身の感情として感じてしまう情動伝染と呼ばれる現象が知られている（Langford, 2010）．例えば，急いでいる人を見たらなぜか見ている側までそわそわしてしまったり，速い鼓動音が聞こえただけなのに緊張してしまうことがある．このように，私たちの身体は他者への共感を半自動的に生み出すものである．そうであるならば，人間が共感的な反応を引き起こしやすい刺激を使用した介入は共感を促進するひとつの方略である．例えば，これまで筆者らが制作した「心音移入」という作品では，体験者は図4のように，椅子に座り，ヘッドフォンを装着する．マイク内蔵の聴診器を自分の胸に当てると，自身の心音がヘッドフォンを通じて流れてくる．このとき，体験者の目の前およそ1.8 m先には大画面のディスプレイが設置されており，そこで運動会の徒競走スタート直前の小さな子どもの映像等，緊張している人の映像が再生される．そして，緊張感の高い場面では心音の音量が大きくなり，そうではない場面では音量が小さくなるように調整される．そうすることで，体験者は自身の心音を聞きながら映像を見ているうちに，心音が自分自身のものなのか，それとも映像の中の緊張している人のものなのか，だんだん区別がつかなくなり，映像の中の人の緊張が伝わっているような感覚（感情移入）が引き起こされることが意図されている．このように，身体・無意識システムが他者に対して反応する場合には，他者の振る舞いのリズムや，情動・感情的な反応と関連する視覚・聴覚・触覚情報を利用した介入が，ウェルビーイングの構成要因を向上させるものと考えられる．

5.5 超 越

基礎情報学では，コミュニケーションを行う個々の心的システムとは独立し

図4 「心音移入」体験の様子
(共同制作:東京藝術大学教授 佐藤雅彦,大阪大学准教授 安藤英由樹)

て,コミュニケーション自体がひとつの自律システムとして想定されるだけでなく,そのコミュニケーションの生成や継続を観察・記述する視点も設定される.コミュニケーションに参与する個々の心的システムは閉鎖系であり,それぞれ別のことを考えながらも,そのあいだで生じる意味の連なりから発言や行動を行い,コミュニケーションを作動させ,さらにその連なりをできるだけ主観性を排して観察・記述する主体を設定する.もちろん,これを行うのは人間の心的システムであり,主観性を完全に排することはできず,ある種の謙虚さを伴う客観性・普遍性によって特徴づけられる,「システムの境界線上にいる」(西垣, 2004:134-137) 観察者である.このような考え方は,『ポジティブ・コンピューティング』で「超越的」と呼ばれる構成要因と関連するかもしれない.具体的には,心的システムが自己批判的な客観性・普遍性を持ちながら,心的システムの外部の視点から自己,他者,環境の全体を観察するということが,自己を超えた世界を想像する精神性や,自分が所属する組織や公共的なものに

対する社会的責任，さらには自己の思考に関する謙虚さへとつながると考えられる．そして，このようなシステムの境界線上の視点を導入することは，「心身がいきいきと活動している状態」という第三のウェルビーイングの定義と接続することが可能である．つまり，個と個のコミュニケーションやある目的のために個が集まった組織でのコミュニケーションシステムの視点に，このウェルビーイングの定義を適用するのである．「コミュニケーションの生成・継続という観点において，システム自体が潜在能力を発揮し，周囲のシステムとの中で，いきいきと機能している状態をコミュニケーションシステムにとってのウェルビーイング」とし，その状況を心的システムが境界線上から，さらにより大きな超越的視点から観察し，それを内面化することでコミュニケーションの参加者個々人の心的システムのウェルビーイングが実現されると考えることもできる．ただし，このような議論およびその介入を科学的な知見にもとづいて議論することは難しく，本章ではその可能性について述べるに留めておく．

6. おわりに

　本章では，基礎情報学的視座を参照しつつ，顕在的な意識システムと潜在的な身体・無意識システムという視点から，ウェルビーイングの構成要因の分類とその介入について検討した．意識システムは，自身の行動を記述したり，言語的な思考やコミュニケーションを行うだけでなく，事後的に，自己や他者の行動を記述し自身の行動原理を更新するきっかけとすることができる．意識システムへの介入にあたっては，自身の生体計測といった身体に関する情報を提示するといった方法や，自身の行為や能力との関係を変容させることが有効であると考えられる．また，身体・無意識システムは，意識システムにとって不可知ではあるが，その介入において，触覚を通して情動や行動に強く働きかけることができる．現在のところ，触覚の技術がどのようにウェルビーイングを向上させるか，その設計原理はまだ明らかではないが，本章の考察は，その探究すべき余地と方向性についての示唆をもたらすものである．

謝辞

本章は，科学技術振興機構（JST）社会技術研究開発センター（RISTEX）「人と情報のエコシステム（HITE）」領域「日本的ウェルビーイングを促進する情報技術のためのガイドラインの策定と普及」プロジェクトにおいて行われた，数多くの方との議論を元にしています．特に，大阪大学大学院情報科学研究科 安藤英由樹氏，早稲田大学文化構想学部 チェン・ドミニク氏，東京都市大学都市生活学部 坂倉杏介氏，明治大学総合数理学部 青山一真氏には示唆に富む議論をさせていただき大変感謝しております．

参考文献

安藤英由樹・渡邊淳司・丸谷和史（2014）「情報通信でつなぐ祈りの場」『鳳翔学叢（平等院研究紀要）』10，61-76.

Brian, B. (2014) *Gamify: How Gamification Motivates People to Do Extraordinary Things*, Rountledge.（鈴木素子訳（2016）『ゲーミファイ──エンゲージメントを高めるゲーミフィケーションの新しい未来』東洋経済新報社）

Calvo, R. & Peters, D. (2014) *Positive Computing*, MIT Press.（監訳：渡邊淳司・ドミニク・チェン，翻訳：木村千里・北川智利・河邉隆寛・横坂拓巳・藤野正寛・村田藍子（2017）『ウェルビーイングの設計論』BNN 新社）

Fredrickson, B. L. (2001) The role of positive emotions in positive psychology: The broaden and build theory of positive emotions, *American Psychologist*, 56(3), 218-226.

Goleman, D. (1995) *Emotional intelligence: Why it can matter more than IQ*, Bantam Books.（土屋京子（1996）『EQ：こころの知能指数』講談社）

Huppert, F. A. & So, T. T. C. (2013) Flourishing across Europe: Application of a new conceptual framework for defining well-being, *Social Indicators Research*, 110 (3), 837-861.

JINS MEME, JINS Inc. https://jins-meme.com/ja/ （アクセス日：2017/9/1）

小坂井敏晶（2008）『責任という虚構』東京大学出版会

Langford, D. J. (2010) *Social modulation and communication of pain in the laboratory mouse*, McGill University.

Libet, B., Gleason, C. A., Wright, E. W., & Pearl, D. K. (1983) Time of Conscious Intention to Act in Relation to Onset of Cerebral Activity (Readiness potential): The Unconscious Initiation of a Freely Voluntary Act. *Brain* 106(3), 623-642.

丸谷和史・植月美希・安藤英由樹・渡邊淳司（2013）「ユーザのなぞり動作に基づく

動的文章表示」『情報処理学会論文誌』54(4), 1507-1517.

Maturana, H. & Varela, F.（1980）*Autopoiesis and Cognition*, Reidel.（河本英夫訳（1991）『オートポイエーシス』，国文社）

西垣通（2004）『基礎情報学』NTT 出版.

西垣通（2008）『続　基礎情報学』NTT 出版.

西垣通（2016）『ビッグデータと人工知能』中公新書

Picard, R. (1998) *Affective Computing*, MIT Press.

Ramachandran, V.S. & Brang, D. (2008) Tactile-emotion synesthesia, *Neurocase*, 14(5), 390-399.

Ryan, R. M. & Deci, E. L. (2000) Self-Determination Theory and the Facilitation of Intrinsic Motivation, Social Development and Well-Being, *American Psychologist*, 55(1), 68-78.

Search Inside Yourself Leadership Institute (2007), https://siyli.org/（アクセス日：2017/9/1）

Seligman, M. (2012) *Flourish*, Atria.

Shannon, C. E. (1948) A Mathematical Theory of Communication. *Bell System Technical Journal*, 27, 379-423 and 623-656.

篠原雅武（2016）『複数性のエコロジー──人間ならざるものの環境哲学』，以文社

Spire, Spire Inc.　https://spire.io/　（アクセス日：2017/9/1）

Thaler, R. H. & Sunstein, C. R. (2009) *Nudge: Improving Decisions about Health, Wealth, and Happiness*, Penguin Books.（遠藤真美訳（2009）『実践行動経済学』日経 BP 社）

TIME, The Mindful Revolution (2014), http://time.com/1556/the-mindful-revolution/（アクセス日：2017/9/1）

Vohs, K. D. & Schooler, J. W. (2008) The value of believing in free will: encouraging a belief in determinism increases cheating, *Psychological Science.*, 19(1), 49-54.

von Neumann, J. (1945) *First Draft of a Report on the EDVAC*, Contract No. W-670-ORD-4926, Between the United States Army Ordinance Department and the University of Pennsylvania Moore School of Electrical Engineering, University of Pennsylvania.

渡邊淳司（2014）『情報を生み出す触覚の知性──生きるための感覚のリテラシー』化学同人

渡邊淳司・川口ゆい・坂倉杏介・安藤英由樹（2011）「"心臓ピクニック"：鼓動に触れるワークショップ」，日本バーチャルリアリティ学会論文誌，16(3) 303-306.

Wiener, N. (1948) *Cybernetics: or Control and Communication in the Animal and the Machine*, MIT Press.

Wiser, M. & Brown, J. S. (1995) *Designing Calm Technology*, Xerox PARC.

ユクスキュル，ヤーコプ・フォン & ゲオルク・クリサート，日高敏隆・羽田節子訳（1973）
『生物から見た世界』思索社

第6章 情報の基としての贈与

「生命力中心主義」の情報論

大 井 奈 美

「太陽が輝く，太陽が輝く——それは魔法．花が育つ，根が動く——それは魔法．生
きている——それは魔法．強くなる——それは魔法．魔法はぼくの中にある，魔法は
ぼくの中にある——ぼくの中にある，ぼくの中にある．魔法はぼくらの中にある．……
魔法よ，魔法！　われに力を貸したまえ！」（F. H. バーネット（2007）『秘密の花園』：
387）

はじめに——「生命中心主義」の情報論の意義を再考する

　一般に情報というと，コンピュータで処理されるデータや，さまざまなメ
ディアにおけるニュースなどを思い浮かべる人が多いだろう．そのため情報学は，
データやニュースの扱いをめぐるものだと考えられがちだ．もちろんそのよう
な研究分野は情報学の重要な部分であり，情報技術のめざましい進歩によって
私たちの日常生活は非常に便利になった．

　その一方で情報技術の導入は，私たちの心にいっそう無駄なく「正しく」生
きる気持ちを大きくさせているように思われる．もちろん遊びや創作の幅も広
がったにせよ，社会の高度な情報化がすすむほど，私たち自身もまた社会にお
いて何らかの役割を果たす代替可能な機能へと単純化される見方が，従来より
も強まってきたように思われる．

　それはもしかしたら，コンピュータが私たちの頭のはたらきを純粋な形で外
化したものだからかもしれない．そうすると私たちの社会は今までにないほど
頭でっかちで，効率や有用性を至上のものとし，実は個性よりも私たちがいか
に役立つのかに注目する社会になっていると考えられる．

　情報社会のこうした現状を批判するのが，西垣通が提唱する基礎情報学の主
要な関心事の一つである（参照，西垣，2004；西垣，2008）．そのための方途とし
て基礎情報学では，情報が「生命が生きるために役立つ意味や価値」と定義さ
れた．自己の外側にある社会の価値観に即して効率的にはたらくことではなく，
自己の内側にある価値観に即して主観的にそれぞれの意味や価値を作り出して
いくことこそが，情報の本質であるとされたのである．社会ではなく個々の生
命体に注目するこうした情報観は，「生命中心主義」の情報定義であるといわ

れてきた.

　しかし日常生活に目を向けると，私たちが実際的な利益を得るのは，社会の価値観に即してはたらいた場合が圧倒的に多い．社会的役割のなかで他者の期待に応えるふるまいをしているときこそ，私たちは社会に受け入れられ，有形無形の報酬を得て，日常生活をうまく送っていくことができる．「生命が生きるため」には社会的価値観への服従こそが意味を持つのだ．そうすると私たちは自主的に社会的規範に従う選択をしがちになり，その態度が極端になると自ら社会の歯車になって身を捧げることを望むようにさえなるだろう．

　こうして，基礎情報学が本来目指したはずの「生命中心主義」的情報観はまったく骨抜きのものにされてしまう．これは生命中心主義の情報観が有する「抜け穴」を原因としていると考えられる．つまり，自分にとって価値あるものが情報だとする情報定義は，あくまで「自分が生きること」を重視し，その意味で非常に「自己中心的」な面が否めない[1]．そうすると，私たちを何らかの機能に単純化する「頭中心主義」とでもいうべき態度が批判されるどころか，いっそう極端に実現されてしまう．この場合，私たちが自発的に社会への従属を選ぶという点で，社会的圧力よりもいっそうたちが悪い強力な権力が発現されてしまう．

　このように基礎情報学における情報定義は事実上，「情報とは，生命が生きるために損か得かという損得計算，あるいは自分の命や立場を守るための保身原理にもとづいて生みだされるもの」であると誤解されてしまうだろう．

　しかし，ここでいう生命を人間に限定して考えると，情報とは損得原理に則ったものであるというのは本当だろうか．たしかにそのような情報は私たちに具体的に利益をもたらしてくれる．しかしむしろ損得原理を離れた行為や考え方にこそ，私たち人間はより深い意味や価値を感じるのではないだろうか．

　以上のような課題認識をもとに，誤解されがちな「生命中心主義」の情報観の意義をあらためて考え直すことが本章の目的である．

1）しかし人間にとっては，たとえ自己犠牲的な価値観であっても，その人にとって意味を持つ情報や行動原理になりうる．このことからわかる通り，生命中心主義の情報観は，本来は必ずしも自己中心的なものとは言えないだろう．

1. 自分を守ることではなく与えること

1.1 私たちの生きる条件

考察のはじめに，伊東静雄の「中心に燃える」という詩をとりあげたい．この詩は，西垣通との対話のなかで筆者に紹介されたものである．この詩には，私たちが生きる際に避けられない条件が比喩的に表現されていると私は考えている．その条件を確認することは，「生命中心主義」の情報観ひいては基礎情報学の意義を深く理解するための出発点になるにちがいない．

「中心に燃える
中心に燃える一本の蠟燭の火照りに／めぐりつづける 廻 燈籠／蒼い光とほのあかい影とのみだれが／眺め入る眸　衣　くらい緑に／ちらばる回歸［回帰］の輪を描く／そして自ら燃えることのほかには不思議な無關心［無関心］さで／闇とひとの夢幻をはなれて／蠟燭はひとり燃える」（伊東静雄『反響』「小さな手帖から」より．伊東，1966）

この詩のろうそくはまるで台風の目のようだ．それを中心に熱が周囲に与えられ運動がひきおこされる．熱源は周囲のさかんな動きから離れ，自己の本性にしたがって静かに燃えつづける．自分の情熱の結果ひきおこされた現実が他者にいかに見えようとも，あるいはいかに評価されようとも，そうした「他人軸」による価値判断には無頓着だ．私自身は，ここまで一徹したあり方を貫くことは難しく，他者による評価にたいして「無関心」ではいられない．

しかしこの詩を読むと，他者からの評価よりも自分が燃えつづけることにこそ手応えのある現実があるように感じられる．ろうそくに起因する廻燈籠の価値は他者によってさまざまに理解される．つまり，自分のひきおこした物事が他者にどのように見えるかは，不安定な夢や幻と言えなくもない．そうした他者軸の「観察」ではなく，自己が燃えるという行為にこそ現実があり，自己が責任を持てるのは，本質的には自分軸による不断の行為や判断（すなわち観察）だけなのだ．

システム理論に即して言えば，この詩を，自己という行為するシステムと，

110

それが「構造的にカップリング」して結果的にはたらきかける環境とを描くものとして理解することができる．ろうそくが描く「ちらばる回帰［回帰］の輪」とは，私たちが生きる閉鎖系である．ろうそくは廻燈籠のなかから出ることはできず，自己と自己をとりまく環境を完全に客観的にみつめることはできない．しかしそれが私たちの生きる環境世界なのである．

したがってこの詩は，自己を完全に客観視することはできず，他者からの評価もコントロールできないという，私たちが生きる条件や限界を表現するものと言えるだろう．しかしだからこそこの詩は，私たちが自分の価値観とそれにもとづく行為とを認めて自立することの大切さを教えてくれ，私たちを励ましてくれるように思われる．

1.2 「自己の贈与」の情報論

以上の詩の考察では，私たちが基本的に自己の価値観に即した行為が作る世界の外へは出られないことを示した．より詳しく言えば，あたかもろうそくが自分の光によって照らされる環境世界を作るように，私たちの現実は私たちが世界をどう見るかという一種の観察行為に根ざしている．このことは，基礎情報学が根ざす「ネオ・サイバネティクス（構成主義システム理論の応用分野）」の基本的な思想でもある．

しかし，私たちの価値判断基準自体が不変ではない．これについて，心理学者アブラハム・マズローによる「欲求の五段階」説が参考になる．マズローによると，私たちの欲求はピラミッド状の階層構造をなしており，低次の階層の欲求が満たされてはじめてより高次の階層の欲求に進むのだという（マズローの思想については，Maslow（1954）などを参照[2]）．

第一階層は「生理的欲求」であり，食欲や睡眠欲などの生存のための本能的な欲求である．第二は「安全欲求」，第三は「社会的欲求（帰属欲求）」とつづく．ここまでの階層は物理的に満たされたいという低次の欲求とされる．ひるがえって第四階層からは精神的に満たされたいという高次の欲求であり，第四

2）なお現在の研究では，下位階層の欲求と上位階層の欲求とを私たちは同時に有していると考えられており，下位階層の欲求が満たされてはじめて上位階層の欲求に進むという考えは否定的に捉えられている．詳しくは佐柳ら（2016：19-20）などを参照．

の「尊厳欲求（承認欲求）」に第五の「自己実現欲求」が加わる（さらにマズローは後年，第六として「自己超越欲求」を提唱した．この段階は見返りを忘れて何らかの使命に没頭している状態という）．

　後述するように私はこうした階層区分を便宜的なものと理解しているが，つぎの点でマズローに同意する．すなわち，私たちは自分の生命の存続にかかわる基本的な欲求を有し，生命の存続や社会への帰属という我が身の安全に大きな価値をおく判断基準をもつのだ．この考えを情報の定義に応用すれば，情報とは自分の保身に役立つものということになる．たしかに頭で損得計算をしてふるまいを決することは生存戦略であり，社会のなかで生きるために有効かつ必要なことでもあるだろう．したがって損得計算が絶対的な悪だとは言えない．

　しかしながら，自己のふるまいについての他人の評価を私たちが完全にコントロールすることはできないという意味で，何が私たちにとって得になるのかを完全に計算することは難しい．損得計算は悪ではないが万能でもなく，限界があることを謙虚に認めなければならない．損得計算という自力本願は結局はひ弱な面があり，役立つとは限らないのだ．それどころか，損得計算が私たち本来の自分らしいふるまいを抑制してしまうこともあり得る．それが私たちの社会性を支えているのは確かにせよ，そうした態度決定が常態化すれば，私たちは自分の基準ではなく自分で内面化した「他人や社会の基準」によってふるまいつづけるようになってしまう．

　こうした態度は，本当の意味では私たちの「保身」にも役立たないだろう．なぜなら真に身を守ることとは，自分本来の価値観を守って自分らしくあることを尊重する態度だと考えられるからである．自分の価値観を裏切ってまで獲得した私たちの社会性は，私たちと他者とを本当に結びつけることにもつながらないはずである．

　こう考えてくると，マズローが第六階層として看破したように，私たちは損得計算を視野の外に置かせるようなオルタナティブな価値判断基準に則って活動しているときの方がよりよい状態であると思えてくる．外部の期待に応えるよりも，自分らしくいきいきできる活動にエネルギーを捧げることこそが生きがいを与えてくれそうだ．そして，損得計算を忘れた行動や態度をつうじてこそ，私たちは私たちをとりまく世界や他者と，見かけだけではない関係を作っ

ていくことができるのではないだろうか．逆に言えば，私たちが自分らしくいられるような価値判断基準（または考え方）を肯定し尊重してくれるような人間関係や環境を大切に選びとっていくことが，私たちにとって真に重要な能力であり生存戦略の一つでもあると言えるだろう．

これについて，フランスの思想家ジョルジュ・バタイユの言葉を参照したい．

「わたしたちはだれもが，狭苦しい孤立のうちに落ち込んでいる．人間にとって，自分よりも重要なものはなにもない．……［しかし］わたしが重要な意味をもつのは，わたしが孤立し，内閉した異邦人として世界に存在するのではなく，光のうちにみずからを喪失するエネルギーの粒子のように存在する場合だけだ．だからわたしは，次のような悲劇的な条件のもとで生きなければならないことを自覚する．／わたしは自分のものである生を失うことで，わたしを知らないものに，わたしの外にしかないものに自分を与える．」（『有用性の限界』，バタイユ，1993：192）

バタイユによると，自分の保身のために（すなわちバタイユの言う「有用性」のために）計算してふるまう私たちの姿は滑稽な喜劇のように感じられる．それにたいして，とりあえず保身を度外視して持てるエネルギーや資源を与えるようにふるまうとき，私たちは一種の栄誉（誇り）を帯びつつ他者や世界と結びつく（こうした態度は，自分の損得を度外視しているため，一見悲劇的に感じられるという）[3]．

後者のようなふるまいを，バタイユにならって「自己の贈与」と呼んでみよう．自己の贈与は私たちに生きがいと絆をもたらしてくれる．情報の本質が自己にとっての意味や価値であることを想起すると，逆説的にも私たちが自己の保身を度外視してふるまうときにこそ，真に人間らしい意味や価値を見出すよ

3）自分にとって得になることを求める「有用性」にもとづく態度よりも，自分に誇りを感じるような「栄誉」を土台にした態度の方が，バタイユの言うとおり私たちに生きがいを感じさせてくれる．しかしここで言う「栄誉（誇り）」が英雄になりたいという感覚や英雄を待ち望むようなヒロイズムに安易に結びつけられては危険だろう（たとえば，素晴らしい考えによって自分の悩みをすぐに解決してくれるような「英雄」を自分の外に求めることや，誰かを神様のように信奉することは，私たちを非常に不自由にしてしまう）．ここで言う栄誉の感覚とは，必ずしも得にならないような自分のあり方や生き方にたいして心静かに満足しているような感覚だと私は体験的に考えている．こうした内的充実感と，他者から評価される栄誉の喜びとを，私たちは正しく区別できるようになるべきだろう．

うに思われる.「自分のものである生」すなわち計算ずくの生き方をするよりも,「頭では」私たちを知らず私たちの「損得計算の」外にあるような内的な生命力に,私たちは自分を与えていきたい.

これまで考察してきたことは,物質的な価値より精神的な価値を重視する常識的見方を単に上書きしただけだと言われるかもしれない.しかし,私はマズローの欲求の階層説は便宜的な区別にすぎず,私たちの欲求は複合的にからみあっているものだと考えている.なぜなら,たとえば安全を確保する欲求のなかには,物質的な環境を整えることや帰属を求めることだけではなく,他者から肯定され尊重される承認欲求もすでにある程度含まれているのではないかと考えるからである.

つまり,私たちは「物質から精神のレベルにまでわたって」自分の安全を求めるのだが,それはごく自然な態度なのだ.しかし私たちは,安全を求めるあまり他者や社会の評価軸を深く内面化して自分を縛り,他者や社会の価値軸によって「有用な人間」だと評価されることを第一に考えるようになってしまいがちだ.実際,社会有為の人材を育てることは教育の目標にされていることも多い.そうした価値観がメインストリームになっている現在,価値判断基準を自分軸に取り戻すことを主張するシステム理論と,「自己の贈与」に重きを置く情報論とは,一顧に値するのではないだろうか.

2. 頭ではなく生命力こそが第一で中心的なもの

2.1 「滅私奉公」の危険性

しかし「自分を与える」と言っても,それはあくまで「自分の価値判断軸に沿って」のことであり,他者や社会という自分の外部の価値判断軸に沿って自分を与えることは単なる「滅私奉公」でしかない.滅私奉公の状態は,自分の生きがいとなるような大切な価値を他者軸におくことであり,その他者軸たる価値判断基準がどれほど素晴らしいものであっても自分軸がない点で非常に危険であると私は考えている.

私自身の経験を事例として考えてみたい.私は2012年の春に大学院を修了してから任期付の職を得ていたが,博士論文執筆時の疲れによる反動もあって

つねに空虚感におそわれ，まともな就職活動もせずに刹那的な生活を送っていた．しかし，そんな私を心配してくれた恩師との面談をきっかけに，私は学恩に報いなければと思い，年末頃から猛然と論文を書きはじめた．しかも，論文提出締切を目前として，論文を一から準備しはじめたのである．

それは自分からみても非常に極端な態度の変化だった．それまでは無気力に信念や目標もなく毎日を送っていたのが，論文を書くと決めてからは毎日そのことだけを考えて朝から晩まで作業をはじめたのである．

ちなみにこのような態度の変化は個人的にはそれまでもたびたび経験していることだった．こうしたふるまいの原因は私自身の個性にもあるだろうが，同時に，自分の判断基準となるような価値観が確立していなかったからという理由が大きいと思われる．もちろん自分なりの感じ方や思いはあったにせよ，自分の判断基準を育てていくためのそうした感性や考え方を自分で支持したり信じたりすることができなかった．そのために，その場その場で心が動かされるようなきっかけや目標によって，視野がいっぱいになることをくりかえす状態だったのだろう．

論文を書きあげた私は，翌年も同じ過集中状態で翻訳などの別の仕事にとりかかった．あわせて語学試験対策も集中して行っており，文字通り朝から晩まで休日もなく作業していた．

そんな期間が半年ほど過ぎたとき，私は過労のため街中で倒れてしまった．デスクワークによる蓄積疲労によって首と腰を痛め，椎間板ヘルニアを発症して救急車で運ばれたのである．それから寝たきりの自宅療養と休職，職場復帰，再発を経て，やっと体調が安定してきたのは年末のことだった．この体験は私にとって非常に大きな挫折だった．当時の生き方がなぜ間違っていたのか長いことわからずに，ふたたび深刻な無気力に陥った．頑張っていたことは良いことのはずなのに，自分の思い通りに働くことが物理的に強制終了させられたことが非常に悔しかったことを覚えている．

しかし今は，命に関わる事態になる前に倒れたことはむしろ幸運だったと感謝している．私の体験は，現在社会問題になっている過労死とまったく同じ構造をしていたと考えるからだ．たとえば，高橋まつりさんという才媛が株式会社電通での過重労働によって2015年末に自死においこまれたことが報じられ

ている．非常に悲惨な事件として注目されているが，その悲惨さのみに目を向けて他人事として終わらせるのではなく，私たちは高橋さんの身に起こったことを自分にひきつけて理解しなければならない．

　私の場合は，休息を求める内的な要請すら無視して，「自分が他者や社会から求められて（いると勝手に解釈して）やっていることは，（自分では意味や価値をわからないが）きっと意味や価値のあることに違いない」と考えていた．私の一族に信徒はいないものの，個人の決断で大学院時代にキリスト教の洗礼を受けていたこともあって，当時私なりに自分を捧げるように働いていたことは，単に社会や恩師から評価されるものではなく，むしろ神の目からみて意味のあることだと信じていた．

　そのような滅私奉公は，もちろん恩師をはじめとして本当は誰からも求められておらず，はっきりと誤りだったと確信している．たしかに，私たちはいま自分がやっていることにどんな意味や価値があるのか，すべてを見通すことはできない．しかし，自分の価値観に即してみれば意味のあることが他者や社会の価値観に即してみればどのような意味をもつのか現時点ではわからないという行動はまだよいにせよ，逆に自分の価値観に即してみると価値を見いだせないが他者や社会や神の価値観に即してみるときっと価値があるだろうと信じての行動は自分を痛めつけるだけに終わる危険性が非常に高い．

　そもそも自分で自分を抑圧していた私と真に抑圧的環境にいた高橋さんとでは状況が異なり，聡明な高橋まつりさんは「自分を捧げるくらいに働いて当たり前」というような会社の価値観を，私ほど素朴に内面化していたわけではないだろう．しかしきっと高橋さんは，人一倍真面目で美点を多くもつからこそ，かえって支配的な環境から逃れられなくなってしまったにちがいない．

　ちなみに私がキリスト教の洗礼を受けたきっかけは，消化不良だったそれまでの人生体験について自分なりに悩んでいたとき，偶然手に取った三浦綾子の『道ありき』という自伝小説を読んだことだった．そこには，キリスト者であった亡き恋人の愛ある導きによって三浦自身が洗礼に導かれたことが書かれている．当時の自分自身や自分の生き方に行き詰まりを感じていた私は，「洗礼によって三浦の恋人だった人らのように愛情あるふるまいのできる人間になれるのなら騙されてもいい」と考えて，教会に通うようになった．

116

　三浦の小説をきっかけに洗礼を受ける人は多く，私の経験はごく平凡とも言える．しかし私の内面は洗礼後も何も変わらなかった．それは，（聖書を通読したり聖書講座に出席したりして知識は増えても）自分軸によってキリスト教の思想をたとえ一つでも「自分は本当にそう思うか」とじっくり考え，捉え直すことをしなかったからにほかならない．読書の感動のなかで「騙されてもいい」と感じたことは非常に象徴的で，素晴らしいと感じた教えを自分のなかに無批判に移植することで悩みを解決しようとした安直な試みは，移植の完成儀式と思えた洗礼を終えても，はじめから成功するはずはなかったのだ．

　私は洗礼を受けたことをキリスト教との縁があったものとして後悔はしていない．自分で考えようとしなかった凡才以下の人間なりに，キリスト教の思想をこれから自分軸にもとづいて理解する試みをやっとはじめられそうだというところだ．したがって率直に言ってキリスト者としての信仰をもつには程遠いところにいると思うが，本章は自分（の小さな「頭」）を超えた力について私なりに捉え直すささやかな第一歩しての意味もある．

　これまで本節では過労死や宗教などをめぐる以上のような権力と権力の内面化の構造をみてきた．このような権力構造を批判するために，基礎情報学では「階層的自律コミュニケーション・システム」という理論を導入している（西垣，2008）．それによると，私たちは本来自律的なシステムであって自分のふるまいを自分で決められるのだが，上位階層のシステムのもとにあるとき私たちは，あたかも他律的で機械的な存在としてふるまうように強制されるのである．

　基礎情報学の重要な指摘は，上位階層のシステムは私たちが生きる環境世界であるために，上位システムの価値観はみんなが当然したがうものとして普段は私たちの意識にのぼることがないという点である．たとえば，私たちはみな法律のシステムのもとで生きているため，赤信号で立ち止まるのは当たり前であり交通法規は意識されない．理不尽な権力も，それが日常になってそれにあまりに巻き込まれてしまうと，私たちは転職などの他の可能性を考えることすらできなくなってくる．権力から逃れられなくなる状況を非常にわかりやすく表現した漫画が公開されているので，参照してほしい[4]（汐街，2017）．被権力

4）当該作は，汐街のツイッターで公開された，非常に話題になった10頁ほどの漫画をもとにしている．

第 6 章　情報の基としての贈与　117

者だけではなく，高橋さんにパワハラ・セクハラ的な発言をしていたとされる
上司たちも，おそらく無意識的あるいはごく自然に会社の価値観に即してふる
まっていたにすぎない普通の人たちであり，高橋さんの労災自殺という取り返
しのつかない結果を想像もしていなかったかもしれない．

　こう考えてくると，私たちは滅私奉公の危険性を自覚して支配的な環境に巻
き込まれないようにするだけでなく，すでに巻き込まれてしまっている場合，
その支配的な環境から離れることを決断できる必要がある．一対一の人間関係
や家庭であっても，一対多の会社であっても，同様である．パワハラやモラハ
ラのように，私たちは自分の意見や感覚や感情を日常的に軽んじられる環境に
おかれると，次第に自分の意見や感覚に自信を持てなくなってしまう．たとえ
ば植物が育つのをみればわかるように，生命システムがおかれる環境はその生
命にとって決定的な影響を及ぼす．私たちは自分らしく生きるために，自分に
合わない環境からは全力で離れるべきだ．

　そのために私は，他者や社会と自己との境界を意識的に区別する習慣をつけ
るべきであり，それには一定の訓練や慣れが必要になると考えている．そうし
た訓練の一つに，コミュニケーションの基礎技術として日本でも注目されてい
る「アサーション（自己主張）・トレーニング」がある[5]．支配的環境から逃れ
られない状態は，下位システムである私たちと上位システムである会社や権力
者とが，一種の膜で隔てられずに一体化されてしまったような状態と考えられ
る．だからこそ私たちは機械的で他律的なふるまいをする，上位システムの「要
素」（俗には歯車）に堕してしまうのである．私たちは自己システムの自律性
を守るために，他者や社会と自己との境界を明確に意識すべきだ．

　そもそも，静かにしていたら批判されることもないのに，なぜ人は表現する
のだろうか．人に合わせていた方が楽なのに，なぜ自分らしくあろうとするの
だろうか．この答えは，自己主張は他者や社会と自己との境界を明確化するも
のであり，したがって自分らしい世界をデザインして自分らしく生きていくこ

5）アサーションが依拠する考え方が『女の子に贈る　自分らしく生きる』（上野，2003）に
　紹介されている．とりわけ「他人の悩みを自分のせいだと思わなくていい」という考え方は，
　自分と他者との区別を私たちにはっきりと意識させる考え方の例であり，興味深い（同書，
　75 頁）．

とをみちびく第一歩だからである．境界をはっきりさせてはじめて，自分軸に則って自分らしく世界や他者と関係を作っていくことが可能になるにちがいない．そこでは，表面的に世界に合わせる「社会性」としてのコミュニケーション力がもたらす交流よりもずっと深い，真実な交流が実現していくことだろう．

　私の趣味の一つはガーデニングだが，なぜ庭を作るのかといえば，きれいに整えられ花々がいきいきと輝く場所をながめているのが喜びだからである．美しい場所を作って愛し，庭や花をつうじて人と交流したい，自分が楽しみたい，と考えている．他者や社会とともにあるときは，他者軸に合わせがちで自分らしくいられないときも多いため，人は嫌いではないが離れたくなることもある．あたかも「秘密の花園」のような自分らしくいられる環境を，私たち一人ひとりが内面的に守ることが必要不可欠に思われる．

2.2　内的にはたらく生命力

　私たちが頭でおこなう損得計算が，かえって私たちを支配的な環境から離れさせなくすることもある．たとえば私たちは，せっかく正社員として採用されたのだから退職するのは損だと考える．また，自分のために怒ってくれている（と相手に言われた）のだからと理不尽な相手に従おうともする．本心では会社の方針や相手の態度に納得できず苦しみを感じているにもかかわらずそうするのだ．

　私たちは自分の頭による損得計算を，無批判に従うべき「神様」にしてはいけない．また，どんなにすばらしい思想や人（たとえ親や恩師や家族）であっても，それらを自分軸で評価しないまま崇め奉ってはならない．会社や学校などの組織も同様である．自分の外側にある何かを神様にしてそれに滅私奉公しては決してならないのだ．

　むしろ私たちが第一にすべき「神様」があるとすれば，それは私たち全員の内側にはたらく生命力であると考える．なぜならば，私たちの生命力は自分の頭で完全に支配することはできない，本質的に自由なものであり，その意味で私たちの計算を超えた尊さを有しているからだ．たとえば疲れきっているとき，あるいは恐れや不安にかられているとき，私たちは頭でどんなに仕事をしたり活動したりしようとしても，自分を動かせない経験をする．反対に，自分の損

得を考えずに夢に向かっているとき，私たちはその活動や目標に没頭して疲れをほとんど感じないこともある．

　生命力は私たちを力づけ，さまざまな選択肢を考慮する余裕を与えてくれ，自分の考えや感覚に自信をもたせてくれるものだ．それは，本章冒頭のフランシス・ホジソン・バーネットによる『秘密の花園』の引用で「魔法」と表現されている力である．生命システム理論に即して言うなら，生命力は生命システム「作動」そのものと言えるかもしれない．ただし，生命力は必ずしも無目的なものではないと私は考えている．

　むしろ生命力は，自由かつ自律的に自分にとっての意味や価値を「内側から」安心して作っていくように発露するものだろう．基礎情報学がただしく評価したように，システムの作動は意味や価値としての情報の生成行為なのだ．だからこそ，生命力としての「神様」は，心身が悲鳴をあげていてもそれを無視して自分の「外側にある」意味や価値に奉仕する自殺行為や自己犠牲を，決して求めてはいないと考えられる[6]．

　基礎情報学が依拠する生命システム論について学ぶほどに，私はそれが生命にたいする讃歌であるとの思いを強めてきた．なぜならそれは，情報社会論・芸術分析・正義論・リハビリへの応用など非常に多岐にわたる研究課題をつうじて，環境と不可分に結びついて存在するシステムをいかにいきいきと存在させるか，また持続可能な環境をいかに整備するかに心をくだこうとする点で，生命力にたいして謙虚な考え方だと感じるからである[7]．

　基礎情報学もまた，情報をキーワードにして私たちという生命システムをいかにいきいきとさせる環境（とりわけ情報社会という環境）を作っていくかを主要な研究テーマとしていると言ってよいのではないだろうか．

　この課題にたいする一つの取り組みとして，本章は，「生命力中心主義」の情報論を提案している．すでに述べたように，「生命中心主義」の情報論では，

6）そのような生命力としての「神」が，キリスト教の考えるように人格を有するものなのかどうかは，すぐにはわからず，引き続きの検討が必要である．しかし，動植物にも個性があり，その延長に人間の個別の人格や意志が生じたと考えるならば，ひょっとすると，生命力そのものである「神」に人格や個性があるとしてもそれほど飛躍的な発想ではないのかもしれない．
7）生命システム理論の現代的評価については，Clark & Hansen（2009）を参照．

私たちによる情報生成は事実上，保身のための損得計算であると誤解されかねない．基礎情報学の真の願いを表現するのは，「生命力中心主義」による，滅私奉公ではない自己の贈与にもとづく情報論なのだと考える．

生命力という，自分の内側にあって自分を活かす力，自分の管理下に完全に置くことはできない力．自分の頭のはたらきにたいしては非常に謙虚にその限界をふまえ，生命力にたいしては尊重することが私たちに必要だと考える．自分のうちにはたらく生命力の美しさや尊さに気づくと同時に，それが十全に発現するために頭を使って環境を整えていく．あたかも素材の味を最大に引き出す料理のように，生命力こそが第一で，頭の計算はあくまで二の次にすぎないのである．

これについて，聖書の言葉が参考になるだろう．

「わたし［パウロ］は植え，アポロは水を注いだ．しかし，成長させてくださったのは神です．ですから，大切なのは，植える者でも水を注ぐ者でもなく，成長させてくださる神です．」（『新訳聖書』「コリントの信徒への手紙」3 章 6-7 節）

また，植物生理学者の風間晴子はつぎのように述べている．

「プロセスを重視する教育は忍耐を要します．すぐに結果がほしい大人が待てないでいる．そのことがどれだけ子供たちや学生をつぶしているか．待つことは，実は最大の能力かもしれません．」（『朝日新聞』「天声人語」 2001 年 1 月 29 日）

風間はさらに，私たちは植物の芽と同様，必ずしも他の人と同じペースで同じように成長するわけではないが，みんなと同じように成長しなくても自分なりに大きくなっていくのだから大丈夫なのだと訴えている[8]．

このように，私たちにできるのは自分にあった環境を整える努力のみであり，頭で考えるタイミングや計画どおりに自分に成長を強いることは厳密にはできない．そして，内的な生命力に信頼しつつ，私たちは自分自身の成長の速度と，

8）これは国際基督教大学（ICU）における学生の保護者向けの講話内容である．

現在の自分の限界や弱さにたいして忍耐強くあるべきだろう．なぜなら，私たちは自分自身を理解するのと同じように他者も理解するように思われるからだ．システム理論に即して言えば，私たちは自己に対する見方（観察）をつうじて，自己をとりまく現実・関係・環境を構成しているのである．自分にたいして忍耐強くなれなければ，私たちは自分の頭を「神様」にして他者や世界を完全にコントロールしたいという不可能な欲求をもつ状態にふたたび陥りかねない．

3. 環境を整えるために

3.1 生命力中心主義とケアの態度——自分軸と他者軸とのバランスをどう取るか

ここで，本章が提案してきた「生命力中心主義」の思想的な位置づけについてあらためて考えておきたい．

私たちが自分自身の感覚や考えや体験を重視するような立場，すなわち実存主義の登場は，私たちの生活にたいする権力として利用されてしまった宗教思想，とりわけ形骸的な規範に堕してしまったキリスト教が批判されたからだ．つまり実存主義の登場は，自分たちの外側にある価値観や思想，すなわち私たちの理解を超えた一種の「神秘」を無批判にうけいれて服従する「滅私奉公」の極度の暴力性があきらかになったからである．

それでは本章が「生命力中心主義」を提案するのも，あたらしい神秘主義にすぎないのだろうか．くりかえしになるが私は気力も含む自己の生命力は必ずしも自分のコントロール下にないと実感しており，その意味で生命力とは自分の頭のはたらきの「外側」にある力だと考えている．この意味で自力ではなく一種の他力を尊重しそれを頼りにするという点では，たしかに神秘主義と言えなくもないのかもしれない．

しかしそうだとしても本章の立場は，いわゆる「実存主義以前」とされるような，自分軸の外側にある権力や規範や考え方にたいして服従する自己犠牲や滅私奉公とは，全く実質が異なるものだと私は考えている．盲目的に服従する態度は，すでに述べたような過労で倒れた私の経験と同様に，暴力的権力への自発的な服従であり，自分を痛めつける滅私奉公である．宗教が人を支配するそのような暴力的権力に堕してしまうことは珍しくない．私自身，当時は熱病

のような充実感をそれなりに得られていたものの，無理な生活に当然持続性はなく，体を壊したあとは盲目的に従っていた価値観が崩壊した空虚感に長いこと苦しめられた．これはもしかしたら，一部の宗教における洗脳の実態にも近い体験だったのかもしれない．

しかし本来の宗教は，それとは正反対に，私たちの生命力の充実を喜び励ますようなものにちがいないと，苦い体験をしてようやくわかるようになった．すなわち宗教とは，私たちが間違ってもいいから自分の感受性と価値観すなわち自我にもとづき個人の責任をもってふるまい，その結果自発的に変化し成熟していくことを喜び祝福するものなのだと考える．その意味で宗教もまた，生命力を称揚し尊ぶ讃歌なのだろう．

（計算づくでなく）間違うことができる力は生命の特徴の一つであり，基本的にはコンピュータなどの機械と私たちとを区別する点だ．誤りのない正確さや真実をもとめて先人は機械を発明したと言われている．しかし，現在のように人間の機械化が叫ばれる状況に鑑みれば，間違えることを一つの能力として積極的に評価して，堂々と間違い，間違うからこそできる試行錯誤とその結果としての創造性を私たちは誇っていきたい[9]．

このように考えてくると，本章の立場はむしろ「現象学的な情報論」とでもいうべきものだと思われる．自分が対象をいかに評価するか，対象が自分の利益にとっていかに大切かという主観性を信じるのが「実存主義的な情報論」だとすれば，本章が提案するのは，自分の損得計算を離れたところで自分が変化させられていくような体験にもとづく情報論だからである．

私にとって基礎情報学とは「頭至上主義」を批判し相対化してくれるものだ．だからこそ私のような（自分の思考力を正しく用いようとはしないのに損得計算はしてしまう）「非常に頭でっかち」でしかも文学部出身の人間が，大学院で情報学を学んでよかったと感じている．

就職後に出会った恩師の一人はよくこう仰る．「「隣人のために」と言っても，

9）『思想としてのパソコン』（西垣ほか，1997）には，キリスト教的な真実への憧れが一つのベースとなってコンピュータが構想されてきた歴史が言及されている．すなわち，身体をもつ私たちは様々な欲求とそれに起因する弱さを有するために真実に到達しづらい．したがって純粋な思考機械としてのコンピュータを構想することで，誤りなく真実を把握できるのではないかと考えたというのである．

人は他人（ひと）のために，本当は何もできません．でも，いつもいつも気に掛けていることはできます」と．私はこの態度を生命力としての「神様」にたいする謙虚な信仰心として理解し，それに賛意を覚えている．なぜならその態度は，生命力にもとづく私たち生命システムの作動を注視し生命体が個性を発揮し成熟するために環境を整える努力をする，「ケア（配慮）」の態度そのものだと考えるからだ．

　ここでケアの態度についてよく引用される，ミルトン・メイヤロフの言葉を紹介したい．

　　「一人の人格をケアするとは，最も深い意味で，その人が成長すること，自己実現をすることをたすけることである．[……]他の人々をケアすることをとおして，他の人々に役立つことによって，ケアする人は自身の生の真の意味を生きているのである．この世界の中で，私たちが心を安んじていられるという意味において，この人は心を安んじて生きているのである．それは支配したり，説明したり，評価しているからではなく，ケアし，かつケアされているからなのである．」（メイヤロフ，1987=1971：15-16）

　ここには，適切にケアし合う環境が，私たちが自分らしくあるために必要不可欠であることが述べられている．さらに，そのようにケアし合うこと自体が，私たちにとって最高レベルの生きがいになるのだとも示唆されている．ケアし合うこと，すなわち愛し合うことは，私たちにとって非常に深い意味や価値（情報）なのだと，私はメイヤロフの言葉を理解している．

　それでは，私たちに必要な愛し合う環境とはどのようなものなのだろうか．私たちは自分や他者が頭で計算して望む速度で自らを成長させ，変化させることはできない．だからこそ現状をうけとめてもらうことが，成長へのエネルギーになるのではないだろうか．それはすなわち「待つ」態度であり，コントロールしようとしない態度である．

　私はかつて，自分にたいして厳しい言葉をかけてくる人が自分にとって大切なのだと考えていた．たとえその関係が苦しくても，自分にとって苦しい方が成長できると思っていたからであり，相手は私のために直言してくれるのだと

理解していた．たしかに現在の自分自身は（つねに）理想とかけ離れた不完全な存在であることは疑いようがない．しかし，そうした現在の自分を否定され続けると人は萎縮し，相手への信頼をなくし，苦手なことに取り組むことはおろかコミュニケーションさえも避けるようになっていってしまうことがある．現状の相手を否定して理想の姿に向かわせることではなく，不完全な現状を受け容れることこそが愛情ある態度であり，そうした関係のなかでこそ，相手は安心して理想や目標に向かっていけるのだろう．実践することはなかなか難しいものの，私は自戒も込めてそう考えるようになった．

このように，人を理解するとは単に相手を頭で分析（し批判）することではなく，不完全な部分を受け容れることである．ただ，相手を受け容れられるかどうかは単に相性の問題でもあるようだ．Ａさんの特徴はＢさんにとっては弱点でも，Ｃさんにとっては長所かもしれないからだ．それが，個性をもったシステム同士の「構造的カップリング」の実態なのである．だからこそ相性のよいカップリングは幸運な出会いなのだ．そして相手への信頼とは，単に自分を裏切らないかという以前に，不完全な自分を受け容れてくれるかどうかという点にかかっていると実感している．私たちは，そのような信頼できる関係と安心できる環境をデザインしていくことが必要なのだ．

しかしだからといって，愛するならどんなに駄目な自分でも受容しろと相手に強制してもいいのだとは決して誤解してほしくない．自己受容の努力は文字通りまず自分でなすべきものであり，相手に強制するものではない．弱点の克服というより自己受容こそが，すでに自発的な変化（成熟）のはじまりでありその内実なのだろう．

非常に実践的に言えば，私たちはまず自分を知って受け容れなければ，自分にふさわしい他者と関係を結んでいくことも，自分に合った環境を選び取っていくこともできない．このことはまた，「システム自身が（自己のみならず）環境を作る」という構成主義システム論の中心的思考をそのまま表してもいる．

ある関係や環境が自分に合うかどうかを見極める際には，自分が楽かどうか，心地いいと感じるか，深呼吸できるような気持ちになるかが，鍵でありヒントになるのではないだろうか．私たちは，一種の保身原理と思われる虚栄心が満たされたときも喜びを感じる．しかしその喜びは，安全が脅かされるという怖

れが一瞬打ち消されたように感じることで生じる一瞬の喜びであると考えられ，その意味では不安に裏打ちされたものである．そのようなどこか病的で強烈な喜びと，安心感を土台とした持続的な幸福感とは，異なるものだ．生命力を発揮して生きるために，私たちは両者の違いをぜひ区別できるようになる必要がある．落ち着いた心地よさの感覚は，おそらく両者を区別する際の一つの実践的な指標にもなるにちがいない．

　区別をめぐる議論をわかりやすくするために，私たちが自分をいかに観察するかという観察者の視点をここで導入してみよう．そうすると，虚栄心に根ざした自己観察の場合は，頭で損得を計算しつつ，「外側からみた自分を喜ぶ」ものだと言えるだろう．しかし私たちにとっていっそう大切なのは，自己の状態を「内側から静かに感じる」ような観察である．その結果，身体的には深呼吸できるような，精神的には安心できるような，自然で安らかなあり方を感じられれば，それは自己というシステムが一番自分らしくいられる環境と構造的にカップリングしている状況を表す証拠であり，当該システムにとってもっとも望ましい状態，すなわち生命力がいきいきと発露される準備が整った状態だと考えられる．システム理論とは，このような微妙だが私たちの生にとって決定的に重要な区別を立てる（差異を作る）ことを体験的にできるようになっていく過程について論じるものだとも，私は理解している．

　愛し合う環境を整えるための考察にもどろう．前述のメイヤロフが示唆するように，何かを愛することや関心を持ってそれを見つめていることは，私たちに最高の意味と喜びをもたらしてくれる．これについて，日本語学者の中村一郎はつぎのように述べている．

　「羊飼い
　羊に必要なものは準備をしてやる／でも，いちばんの仕事は／羊をじっと見ていること／そばにいること／そして，実は羊にいのちをもらい／生かされている」（中村，2004）

　私たちは，相手にとって必要だと「自分が考える」ものではなく，相手のことをよく見て話や主張をよく聴き，必要だと「相手が考える」ものを準備し与

えなければならない．そうでないと，独りよがりな支配や執着と愛とを，私たちは混同してしまうことになるだろう．

　引用で述べられている態度はまた，他者に過剰に世話しつづけてもらったり，互いにひどく干渉しあったりすることとも異なる．そのような態度は，私たちの生命力を減じて，自信を失くさせる結果を招いてしまうかもしれない．

　システム理論は，私たちが自分の環境を自分で構築するのだと主張しているのであって，自分にとって居心地のよい環境を他者に構築してもらうことを主張しているのではない．この点を誤解すると，結局は他者から自立できずに，自己本来の自律性を発揮できなくなってしまうだろう．

　これについて，物理学者の風間重雄が会話のなかで一輪挿しの美しさについて述べた言葉を参照したい．

　「一輪挿しの美しさは，孤独や孤高の美しさではないと思います．毅然としてそこに存在していることによってまわりの空間や時間とコミュニケーションができていること（共に在ること）によって醸し出される「他者との共存がきちんと成立している」，そのような美しさだと思います．」（2017 年 9 月 22 日の私信にて）

　まずこの言葉は日本文化にたいするたいへん深い理解であると考える．互いを引き立て合う花束の調和の美しさを大きな花瓶が表現するのにたいして，一輪挿しは活けられた一輪の花の存在感を非常に高めるように感じられる．そのため，孤高の境地を表現するものと捉えるのが普通の見方ではないだろうか．

　しかし風間は逆説的にも，空間やその場に流れる時間と花との共存の美しさを一輪挿しは体現しているという．言われてみれば日本の生け花は，花を活けることがそのまま空間や時間をデザインすることになっているようだ．たとえばある茶会で季節にふさわしい花が床の間に飾られるように，非常に緊密なバランスが，空間や時間と花とのあいだに実現しているように見えるのだ（花器にたいする花の絶妙な配置からは，花による空間構築を視覚的にも直接みてとることができる）．そしていかなる花をどのように活けるのかには，客人にたいする主人の綿密な配慮も表現されているにちがいない．このとき花は，自らの存在感を際立たせた主体であると同時に，主人から客人へのメッセージを表

現するメディアとしての客体でもあるようだ.

この一輪挿しの例は私たちに，自分軸に即して適切な距離を他者や世界と取ることで自分なりの環境を作りつつ，他者にも十分に配慮するという，生命システムにとって理想的な姿を比喩的に教えてくれるのではないだろうか．そう考えるといっそう，一輪挿しの姿は，すでに述べた伊東静雄の詩の蝋燭の姿にはっきりと重なってくるようでもある．

こう考えてくると，私たちが自分らしく存在していることが，私たちが他者に配慮できるようになるための前提条件だと言えそうだ．システム論をあらためて応用しつつ，より正確に言うならば，自分らしくあることがすなわち他者への配慮そのものでもあるのだと私は考える．

それでは，なぜそう言えるのだろうか．よく言われるような体を寄せ合う2匹のハリネズミのように，自分と他者とが傷つけ合わない距離やバランスをどう取るべきなのか．より具体的には，私たちはどこまで他者に頼ったり近づいたりしていいのだろうか．適切な限界を設定するための基準は，私たち自身にどのように明らかにされるのだろうか．それを次節でさらに考えてみたい．

3.2 自分の頭で考えることができる条件

私たちが自分らしくあるためには，尊重されること（または適切な敬意を払われること）や無視されないこと（実践的には挨拶されること，理想的には笑顔を向けられること）が，非常に大切なのではないだろうか．それは，マズローも論じていたように，私たちにとって根源的な欲求の一つなのだろう．植物の場合でさえ，その植物を注意深く観察しつづけて必要な世話をすることが，健やかに育てるために欠かせない．

したがって，他者や社会と関係を結ぶにあたって，理想的には，相互に尊重し合うことのできる距離こそが，私たちが他者や社会と保つべきものだろう．したがって，「その相手と自分とが互いに尊重し合えているかどうか」が，適切な境界を設定するためのはじめの判断基準となるだろう．

残念ながらつねにそのような環境を私たちが実現できるわけではないため，互いに批判し合い傷つけ合うような関係や環境にある場合は，関係の解消や環境からの脱出をおもな目標として，境界の再構築を断固として行わざるを得な

い．すでに述べたとおり，私たちが頭を使うべきは，本能的な保身をめぐる損得計算のためというより，むしろ私たちに合う環境や関係を作るためであり，換言すれば，他者と適切な距離を構築するためにほかならない．

　それでは，そもそも私たちはどうしたら自分の頭で考えることができるようになるのだろうか．適切に考えることができるようになるのは，必ずしも自明のことではない．私は，そのために二つの前提が必要だと考える．

　第一に，たとえ誰が何と言おうと自分の考えや感情の存在を認めるという決意である．すでに述べたことと矛盾するようだが，私たちは誰でも，すでに自分で考えることができるのだと私は理解している．しかし，たんに「自信がないから」すでにある思考力を発揮できないのだ．私たちは失敗や批判を過度に恐れて，自分で決断を下すことを避けようとする．その結果，自分の頭で考えないで済むように外に答えを求めた「思考停止のための」読書や情報収集が習慣化されてしまったり，社会でよいとされる価値観や規範を無批判に受け入れたりするようになってしまう．このように外的な価値観からの支配を無意識に望むような不健全な依存状態に陥ると，そこから容易に抜け出すことはできない．

　私たちが自信を持てないのは，間違えたくないからだ．失敗すると他者から嘲笑されたり社会の除け者にされたりするのではないかと，私たちは強く恐れている．実際，一度道を踏み外した人たちを再び受け容れないような傾向も私たちの社会には根強い．

　しかし私たちは，失敗をつうじてはじめて学べることが多い．あたかも失恋をつうじて，一緒にいたいと願う相手と，実際に無理することなく一緒にいられる相手との違いを私たちが体験的に学ぶように，願った結果とは異なる事態にどうしようもなく直面したときに，私たちはありのままの自分を知ることができるのである．それは，理想の自己と実際の自己との差異をただしく認める力がつくということでもあり，理想に近づくことよりも実際の自分を知ることの方が成熟なのだと私は考えている．失敗の結果として，私たちは自分の境界を再構築し，より自分らしくあることができるようになっていく．

　そうすると徐々に私たちは，自分に合わない他者を無理に変えようとして傷つけることも少なくなっていくのではないだろうか．また，自分らしい環境世

界をつうじて，それにかかわる他者を幸福にできるだろう．こうした意味で，自分らしくあることは他者への配慮なのだ．

システム理論がはっきりと示してくれるように，私たちにとって正解や真実は決して一つに定まっているものではない．そのため社会や他者の価値観と自分の価値観とが一致することはむしろ少ない．両者をすりあわせる努力は，両者の違いをはっきりさせ，両者を明確に区別してはじめて開始できるだろう．

したがって，現在の自己がつねに不完全であることは認めながらも，たとえ家族などの近しい人が否定しようとも自分の気持ちや感じ方や考えの存在を認めるという決心が必要だと言える．つまり，自分の感覚や考え方という価値観を尊重するという持続的な意志と態度が必要なのである．

このことは，誰が何と言おうと自分の意見を押し通すべきだと言っているのでは決してない．保身や関係の継続における損得において不都合だとしても，自分の感覚や意見の「存在」を打ち消さずに，たしかに自分はそう感じ考えているということを認め肯定するということだ．知性が判断力を一つの主要素とするならば，判断力を十全に発揮させるためには，判断の根拠となる自分の感性や価値基準を尊重する心構えが必要不可欠なことに異論は出ないだろう．

今まで生命力と表現してきたものの一部は，生命システムが作動する原理となる価値観として実現するのかもしれない．その価値観が尊重されることで，結果としてシステム独自の環境や他者との関係（カップリング）が成立し，自分らしくいることができる環境（自分の庭のようなもの）ができあがっていく．

自分の価値判断の味方をするということにかんして，國分功一郎の言葉を引用したい．

「人はパンがなければ生きていけない．しかし，パンだけで生きるべきでもない．私たちはパンだけでなく，バラも求めよう．生きることはバラで飾られねばならない．」（國分，2015：28）

私たちは食べていくために保身や損得計算することもあるが，それだけでなく，自分に生きがいや意味をもたらしてくれるもの（「バラ」の比喩で語られるもの）をも求めなくてはならないという國分の主張に賛成である．ただし，

國分の提言が現実に可能になるための重要な前提があると考える．それは，「他者や社会にとって価値あるものではなく，あくまで自分にとって価値のあるバラを求めてもいいのだ」，「自分の価値観を信じてもいいのだ」という自分への許可であり，「幸せになるのだ」という決意である．批判を恐れて私たちは，外的な価値観より内的な価値観を優先すること（実践的には，相手や社会の要求を適切に断り，それらの期待を適度に裏切ること）に罪悪感をもちがちだ．この罪悪感を克服した自分への許可が抜け落ちていると，頭でどんなに國分の提言を理解しても，自己が変化することはないだろう．

つぎに，境界を定めるために適切に考えられるようになる第二の前提は，自己の思考や感情を表現することである．考えや気持ちの存在を認めただけでは不十分で，それを表出することが欠かせない．なぜなら，私たちは言葉や態度などによって現実化された情報を介して自分自身や他者や環境と「構造的にカップリング」するからだ．言葉でも絵画でも音楽でもよいが，情報を何らかの形で目に見えるようにしてはじめて，システムの境界を作り，システムを保つことができていく．

日本社会では出る杭は打たれると言われるため，自己表現は恐怖を伴うことが多い．しかし自己表現には，自分らしくあるために自分の境界をはっきりさせるという効用がある．そしてすでに述べたように，自己の境界の明確化は，そのまま他者への配慮にもなるのだった．したがって，自己表現や自己表出は私たちにとって一つの義務だとさえ言えるだろう[10]．

---

10) なお，自己表現をめぐる私のささやかな実践例を参考のために紹介したい．私はレポートの書き方の授業で，1日100字程度のごく少ないテクストをスマートフォンで手軽にメモすることを提案し，それをパソコンなどで編集してレポートを作成してもらう試みをはじめている．その際ツイッターも適切に利用している．日記のように書きためたテクストを読み返すことで，自分の価値観や問題意識をボトムアップに知り深める習慣を養えると考えたからだ．このように自己表現は第一に本人のために役立つもので，それが結果として他者にも役立つのだろう．こうした自己表現法の提案は，つぎのようなロックの言葉に励まされて着想したものである．すなわち，知性を進歩させる際に「明白かつ確実な進歩を遂げるためには，一度になるべく少なく進むべきです．知性がこのように進めば，それはカバーする領域を全部しっかりと押さえます」（ロック，2015：157）．

3.3 他者によって行われる肯定的な観察—— 一瞬の情報よりも，経過する時間のなか
に見出される情報を大切にする

前項では，自分らしくあるために「自分でできること」について主に考えて
きた．私たちの思考力は生命力を十全に発揮させるためにあるという主従関係
を意識し，自分の頭よりも生命力を信頼してそちらに主軸を移すという意志が
必要である．あくまでもそのうえで，思考力を発揮するための具体的な条件を
確認した．

本項では，生命システムの環境を整えるために「他者ができること」につい
て考えたい．私たちが自分らしくあるためには，いったいどのような環境が必
要なのだろうか．それは自分が安心できる環境だろう．

なじみの生活圏を，俗に自分の「庭」と呼ぶことがある．ここでいう庭とは，
自分がほっと安心できるところを指していると私は考える．「家庭」という言
葉も，本来はありのままでいられる自分の居場所を意味しているのだろう．こ
のような「庭」としての自分の環境を，システムが自分で選び構築していくこ
とができるようになるのが重要なだけでなく，他者もまたその整備に関わるこ
とができるのだ．

他者が「庭」整備に関わるためにはどうしたらいいのだろうか．そのために
は，相手の生命システムにかんして肯定的に観察することが必要になる．ここ
で私は，肯定的な観察という表現を，システム論で言われる観察の本質を指す
ものとして用いている．それでは，観察行為の本質とは何だろうか．それはす
なわち，相手にたいする単なる分析でも客観視でもなく（これが必ずしも肯定
的ではない観察のことである），対象そのものをあたらしく創造していく行為
なのであり，その意味で，対象にたいして非常に主体的に参与していくことだ
と私は考えている（すでに述べた「理解」の内実についても参照してほしい）．

これについて，フランスの思想家シモーヌ・ヴェイユによる「注意を向ける
こと」にかんする言葉を，少し長いが引用したい．

> 「今日では知られていないようだが，注意のはたらきを養うことは勉強の本当の目標
> であり，ほとんど唯一の利益なのだ．［……］幾何に素質や自然な好みを持っていな
> くても，幾何の問題を考えたり，証明を研究したりすることが注意を発達させること

に変りはない．［……］もし本当に注意して幾何の問題を解こうとしながら，一時間たっても，はじめからちっとも進んでいないとしても，その間の一分ごとに，もっと神秘的な他の次元で進んでいるのだ．それと知らなくても，感じなくても，外見では実りのないこの努力は，魂の中により多くの光をあたえている．［……］もちろん実りはまたそのうえに，何か知性の領域に，おそらく数学とはまったく縁のない領域にもみとめられよう．おそらく，いつか，この効果のない努力をした人は，この努力のゆえに，ラシーヌのある詩句の美しさをいっそう直接にとらえることができるだろう．」
（ヴェイユ，1967=2015：95-96）

　私自身，たとえば論文を書く際に，パソコンに向かっている時間の半分以上は一文字も書けないことがよくある．あるテーマに注意を向け続けているものの，目に見える成果物がないため，一見したところその時間は全くの無駄に思われる．しかし，ヴェイユの言葉を応用すると，その無為に思える時間は実は何らかのアイディアを生みだすのに欠かせないのであり，目に見えない内的な変化が起きているときだと言える．そうすると注意を向けること自体がすでにシステム論でいう「観察」であり，創造行為なのだと考えられるのだ．
　私たちが何らかの対象に自発的に注意を向けるのは，対象から何らかの喜びを得ている場合だろう（一方で，自分を脅かす対象にたいしては，半ば強制的に注意を向けざるを得ない）．何を喜ぶかは，すなわち何を情報と捉えるかに等しい．しかし，現在の対象や相手の目に見える属性だけから喜び（快楽）を得ていると，対象がそれを失った時点で注意を向け続けるのは難しくなる．たとえば花を育てている時，花の最盛期のみを喜びとしていると，花が枯れたり病気になったりしたとき，そのような状態の花が身近にあることを迷惑にさえ感じるにちがいない．これは，一種の損得計算にもとづく自分本意な態度と言える．
　一方で，毎日注意深く花の世話をしていると，蕾が開いたり新しい芽を出したりなどの小さな変化に気づく．花の一瞬の美しさだけではなく，経過する時間のなかにある花の生命力が見えるようになり，それが作る花の個別性を喜べるようになるのだ．花と自分のなかに同じ生命力がはたらいているのを感じ，花の世話をつうじて自分の生命まで肯定的に捉えられるような気がしてくる．これは，生きている自分自身を自他が肯定し合える理想的な関係である．すで

に述べた中村一郎の言葉で，羊飼いが羊からいのちをもらっているというのは，おそらくこうした関係を指しているのだろう．

さらに長く一つの花とともに過ごすと，どのような状態にあっても一貫して存在するその花の固有性が見えてくるように思われる．その固有性とは，絶え間ない状態の変化においてもその花の中で不変かつ普遍の可能性や本質である．それが，ある花のかけがえのなさを作っていくようだ[11]．相手の本質は，誰からみても相手のなかにあるものというよりむしろ，自分と相手の関係のなかで自分が内的に構成していくものである点に注意が必要である（だからこそ，私たち自身に意味や価値を見出してくれない環境や関係からはできるだけ離れることが互いに望ましいだろう）．

言い換えれば相手の固有性とは，一瞬あるいは短期間に過ぎ去る相手の「客観的な」属性（すなわち意味や価値としての情報）ではなく，時間のなかで変化する相手のなかに私たち自身が「主観的に」構成していく情報なのだ．相手の個性とは，他とは違う特異な属性というよりむしろ，そうした固有性のことだと思われる．

本節の考察から，肯定的観察の特徴をとりあえずつぎの三つにまとめることができる．

① 対象を肯定して喜ぶ（賛美する）態度
② 対象の固有性，すなわち時間を超えた不変・普遍の本質に気づくこと
③ 時間のなかでの対象の微細な変化に気づくこと

私は実際にバラを育てているが，土や肥料はバラと同等かそれ以上に高価である．しかしバラは，高価な土や肥料をふんだんに使った注意深い世話に値する貴い存在なのだ．そしてバラは，パンとは違って私たちの命を物理的に保つ

---

11) たとえば，ロラン・バルトは『明るい部屋』（バルト，1985）において，バルトにとってかけがえのない母の本質を，母が生涯にわたって有していた優しい人格にみている．母の亡き後にみつけた少女時代の母の写真から母の本質をみてとったバルト自身の体験から，バルトはある対象（他者）の本質が時間を超えて一貫して存在するものであることを論じている．なお，相手の属性が自分にもたらす喜び（快楽）を重視するような実存主義的態度よりも，相手へ注意を向ける現象学的な態度がより意義深いということを，私は『明るい部屋』の研究態度から教えられた．とはいえ私たちは実存主義（自分軸）をいったん通過してから損得計算を忘れる現象学的態度に向かうべきで，最初から自分軸を無視して他者軸を採用しようとする滅私奉公に陥ってはならないことをここでも強調しておきたい．

134

ためには役立たないが，私たちに生きる意味と力とを与えてくれる．

　他者にたいするこうした肯定的な観察を，私たちは自己観察にも応用して，自分の価値や美しさにも気づくことができれば望ましい．内的な生命力のはたらきを頭による計算で完全にコントロールすることはできないという，自分の生命力の根本的な自由さとそれにもとづく尊さに気づくと，逆説的に私たちは自由になり創造性も増すようだ（リラックスしていることは，私たちが頭のはたらきを絶対視せずに生命力を十全に発揮させるのに必要である）．それだけでなく，自分の尊さに私たち一人ひとりが気づくことは，自分らしく正直でいることや安心して幸せになることを自分に許可できるようになることにも役立つだろう．この過程が，頭を「神様」にするのではなく，生命力としての「神様」に従属することで私たちが主体として自立する成熟の内実だと実感している．

　本節の最後に，私たちは環境を整えるためにどのように観察を用いていけばいいのだろうか．たとえば，何かの課題にたいする過剰な防衛反応としての「アレルギー」を克服するために，いかに行動のハードルを下げ，ファーストステップを作るか．このような具体的な課題について考える（観察を用いる）ことは，自己のシステムや他者のシステムにたいするケア（配慮）の実践となるだろう．

おわりに──「生命力中心主義」の情報観へ

　本章が提案してきたのは，頭のはたらきではなく生命力を第一とする，「生命力中心主義」の情報論である．生命力の十全な発露を可能にするためにこそ，私たちは適切に頭を使って，環境を整えなければならない．

　生命力中心主義の情報論は，私たちというシステムの客観的な属性や，私たちが作りだす具体的な成果物というよりむしろ，システムの主観においていきいきとしている状態を保ち促進することこそを大切にする．望ましい属性や成果物は，生命力にあふれた状態の結実にすぎない．

　本章は，頭による損得計算を至上の価値とするものと事実上誤解されがちな従来の「生命中心主義」の情報論の真の意図をただしく汲み取ろうとする試み

だった．すなわち，個々の生命システムが自己保存とは異なる価値判断基準に
おいて「自己を贈与する」ような情報生成すなわち価値の創造こそが，人間ら
しい生活と社会を作るために大切なのである．こうした態度は滅私奉公とは異
なる，あくまで自分軸に即したものだった．

　本章では，システム理論を応用しながら，自分らしくあることがそのままで
他者への配慮になるのだと考えた．この考えにもとづき，自己と他者の生命シ
ステムをできるかぎり活気づける環境を整備するために，いかに頭を使って「観
察・記述行為」をすればいいのかについても，実践的に考察してきたつもりで
ある．

　私たちがいきいきとした状態であるためには，安心できる適切な環境を選び
取り，自己の価値観を尊重して判断を重ねる決意と自分への許可（あるいは内
的生命力への謙虚な服従）が大切だ．ただし，すでに述べた喜びの区別のよう
な，生きるために真に重要な差異を見分けることは誰にとっても非常に困難で，
多くの場合失敗や経験をつうじてはじめて可能になる．したがって，苦しい関
係や環境にも逆説的な意味はあるだろう．

　以上のように，システム論情報学としての基礎情報学は，単に頭のはたらき
を最適化していくものでは決してなく，試行錯誤する生命システムを肯定し励
ましたいという願いを有しているはずだ．比喩的に述べると，庭にあって全体
として一つの風景を作るように配置された花々も，一輪挿しの花も，それぞれ
異なった仕方で自己と他者との共存や調和を表現している[12]．また，それらの
花はガーデナーや茶会の主人のメッセージを表現するものでもあった[13]．その
ような生命力からのメッセージをうけとって他者と肯定し合うことや，自己受
容による自己の全体性の回復の素晴らしさは，その感覚を得るために私たちは
ばらばらに切り離され孤独になったのかもしれないと思わせるほどの強度をも
つ．私たちがそのような意味で自己や他者や環境と調和することが，基礎情報
学の望みだと考える．

12）日本文化の特質は，よく言われるとおり，一輪の花のような最小限の素材によって，世界
　の調和のような最大限の内容を表現しようとするところにあるのだろう．俳句を中心とした
　日本文化論については，恩田（2013）が参考になる．
13）だからこそ，野生のままの状態より秩序づけられたものやよく手入れされたものに私たち
　は美しさを感じやすいのかもしれない．

あたかも個々の細胞が身体システムに調和しているように，自己の適切な境界は，調和するためにこそ不可欠だ．3.2 項で論じたような，他者や社会の要求を適切に断る能力をいかに養っていけばいいのか考えるのが，つぎなる課題である．

参考文献

バルト，R.，花輪光訳（1985）『明るい部屋』みすず書房（原著 1980 年）

バタイユ，G.，中山元訳（1993）『呪われた部分　有用性の限界』筑摩書房（ちくま学芸文庫）（原著 1945-49 年）

バーネット，F. H.，土屋京子訳（2007）『秘密の花園』光文社（古典新訳文庫）（原著 1911 年）

Clarke, B., & Hansen, M. B. N. (2009) *Emergence and embodiment: New essays on second-order systems theory*, Duke University Press.

伊東静雄（1966）『伊東静雄全集』人文書院

國分功一郎（2015）『暇と退屈の倫理学　増補新版』太田出版

ロック，J.，下川潔訳（2015）『知性の正しい導き方』筑摩書房（ちくま学芸文庫）（原著 1706 年）

Maslow, A. H. (1954) *Motivation and personality*, Harper and Brothers.

メイヤロフ，M.・田村真・向野宣之訳（1987）『ケアの本質――生きることの意味』ゆみる出版（原著 1971 年）

中村一郎（2004）「国際キリスト教大学の一般教養生命科学公開授業にて　1996 年 5 月 20 日」『ICU キャンパスに息づく植物・言葉』（添付ブックレット），国際基督教大学

西垣通ほか（1997）『思想としてのパソコン』NTT 出版

西垣通（2004）『基礎情報学』NTT 出版

西垣通（2008）『続　基礎情報学』NTT 出版

恩田侑布子（2013）『余白の祭り』深夜叢書社

佐柳信男ほか（2016）『現場の声からひもとく国際協力の心理学』国際協力機構

汐街コナ，ゆうきゆう監修（2017）『「死ぬくらいなら会社辞めれば」ができない理由（ワケ）』あさ出版

上野千鶴子（2003）『女の子に贈る　自分らしく生きる』学陽書房

ヴェイユ，S.，渡辺秀訳（1967=2015）『神を待ちのぞむ』春秋社（原著 1950 年）

第7章 階層的自律性の観察記述をめぐる
メディア・アプローチ

原 島 大 輔

1. 序——汝自身の知行合一

　自律性とは自ら律することをいう。しかしこのとき，自とは誰か，何ものなのか。それが端的に問われる。この自なるものを，ある輪郭をもった実体的な個体が客観世界を背景としてそこに独立しているかのように想定してしまうなら，それは主体であれ客体であれ，自と呼ばれたことを裏切って，対象である他に反転してしまう。もし自がその外部なる視点から客観的な観察記述の対象として知識されうるものであれば，これは，たとえば自動車について自といわれるときのように，ほんらい他律系であるはずのものについて自といわれるときのような，他と混同された自である。それでは逆に徹底的に内在的に主観的に自を思考するならどうかといえば，これもまた，いかなる外部をも排除するということはそもそも外部も内部もないことになり，そして自も他もなくなる。自律系は構成素を自己産出する関係の再帰的で相依的な組織化過程だが，これもまた観察記述との関係領域から独立した純粋な自律系の作動領域なるものとして実体化するなら，そこには自己産出の過程しかなく，自己といいながらほんとうは自も他もない。じつは純粋な自律性なるものは，形式論理的な言語的に積極的肯定的な把握からは逃げ隠れして捉えられることはなく，語りえぬものとして消極的否定的に語られるか，その有を想定され推察されることしかできない。

　観察記述された階層的自律性だけがアプローチしうる。このことについて，本章では，まず第2節において，他律性と非律性と自律性と階層的自律性との識別として説明する。また，そのための補助的な道具として，情報的な閉鎖と開放の識別と，物質的な開放と閉鎖の識別との，2つの識別の重ね合わせからできた4象限の図を作成する。階層的自律性は，基礎情報学の「階層的自律コミュニケーション・システム（HACS）」モデル（西垣，2008）に由来する考え方であり，内部と外部の2つの視点から観察記述される自律と他律の両義性の体現である。

　第3節では，この階層的自律性をいかに観察記述するかが問題となる。これは機械と高度に連携した社会組織の生命性と倫理性に決定的にかかわる。とい

うのも，生命的組織としての"人間—機械"複合系の成否は，HACS として
のその組織の階層的自律性の活性にかかっているからである．ここでは，階層
的自律性を分析するための，自由の有無と約束（制約／拘束）の有無の2軸で
できた4象限の図を作成しながら，階層的自律性の活性化ということの意味や
方法について考察する．

　以上の議論を踏まえて，第4節では，生命的組織としての"人間—機械"複
合系における機械の分析や設計にひとつの指針を示す．この課題に，本章では
次の2つのアプローチを採用するかわりに，メディアに着目するアプローチの
重要性を主張する．すなわち，ひとつは，機械を擬似的な情報的閉鎖系や下位
HACS とみなす，いわばエージェント・アプローチであり，もうひとつは，機
械を情報的閉鎖系や上位 HACS とカップリングした暫定的閉鎖系とみなす，い
わばハイブリッド・アプローチである（Hansen, 2009；西垣, 2014：223–225；西垣,
2008：55–57）．これらのアプローチにおいて擬似的または暫定的なものとして漠
然と議論されざるをえなかった機械と人間の関係は，本章が第2節と第3節で
説明する識別によって明晰に整理しなおされることになるだろう．それゆえ，
本章では，これらのアプローチのかわりに，西垣通（2008：57）が示唆する，"人
間—機械"複合系における機械の役割をあくまでコミュニケーションを秩序づ
けるものとしてのメディアとだけみなし，それがいかに HACS を活性化するか
を問題とする，いわばメディア・アプローチについて考察する．つまり，"人
間—機械"複合系の階層的自律性を活性化するメディアとして機械を分析し設
計するという方向である．

　第4節ではさらに，この方向での"人間—機械"複合系の倫理学が展望され
る．階層的かつ自律的であることは，上位システムから下位システムへの制
約／拘束に約束された HACS の実践行為と，下位システムの自由に自己産出
された実践行為とが，同じことであることを意味する．つまり，HACS の，お
のずからとみずからの重なり合いとしての，臨機応変で自由自在な自発性が体
現されているとき，その階層的自律性は活性であり，情況に責任をもって応答
しうる．このことは，階層的自律性がそのまま倫理性であることを意味する．
本章ではこの主題について議論しつくすことはできないが，ここで提案した階
層的自律性の観察記述をめぐるメディア・アプローチによってこの課題にいか

第7章　階層的自律性の観察記述をめぐるメディア・アプローチ　　141

に取り組みうるかについて展望する.

2.　他律性と非律性と自律性と階層的自律性

　まず, 本章の議論の準備段階として, 観察記述の仕組みについて, 情報的な閉鎖と開放の識別と, 物質的な開放と閉鎖の識別からなる, 4象限で整理する (図1). なお, これはあくまでひとつの分類の仕方に過ぎないこと, そしてこの分類はシステムをその本質にもとづいて分類するものではなく, 観察記述の結果を分類するものであって, この4象限に分類されるようなシステムが即自的に実在していることを主張するものではないことを, あらかじめ強調しておく.

　まず, 情報的な閉鎖と開放について説明する. 基礎情報学／ネオ・サイバネティクスにおいて生命と機械を識別するというとき, それは物質の特性によって生命と非生命を識別する生気論的な識別ではなく, システムとしての構成素の関係性つまり組織化の仕方 (有機構成) によって識別するシステム論的な識別である (西垣, 2004；西垣, 2008). すなわち, 構成素を産出する過程が再帰的相依的な自己産出系であるときこれを生命的とする, オートポイエーシス理論にもとづく (Maturana & Varela, 1980；Varela, 1979). 自己の作動の仕方を自己準拠的に自己構成する自律系であり, この自己言及的な過程は再帰的な情報的閉鎖系をつくる. 一方, 他律系はそのような自己構成的な閉鎖系をつくらず, 他から設計され指令された仕方で機能する情報的開放系である. いかなる機械も, それがたとえ別の新しい機械を再生産や開発しようと, そもそも最初に人間によって創造された以上, 他律系である. 本章では, 生命は, デザインやプログラムによってではなく, 進化の過程で歴史的に発生したものであるとみなす. だから, ここで機械と生命が截然と識別される. 図1の右列と左列は, それぞれこの生命的自律系と機械的他律系にあたる.

　次に, 物質的な開放と閉鎖について説明する. 物質的開放と物質的閉鎖は, 外的な観察記述の対象とされたシステムの作動における, 物体や信号の交換や通信といった入出力について, 機械論的な因果関係が理解できたり, 入出力を論理的に関係づける関数をつくることができたかどうかということであり, よ

142

	情報的開放 (informationally open)	情報的閉鎖 (in-formationally closed)
物質的開放 (materially open)	他律的 (heteronomous)	階層的自律的 (hierarchical-autonomous)
物質的閉鎖 (materially closed)	非律的 (anomous)	自律的 (autonomous)

図1 情報的な閉鎖と開放の識別と物質的な開放と閉鎖の識別による4分類

うするに，観察記述者にとって他律系にみえたかどうかである．別の言い方を
すれば，物質的開放とは，観察記述者にとって，対象の動作が法則にしたがう
規範的なもので，予測可能だということである．一方，物質的閉鎖とは，入出
力の関係が対象の観察記述者にとって意味不明ということであり，その動作が
法則から逸脱する例外的なもので，予測不可能あるいは観察記述不可能だとい
うことである．つまり物質的な開放と閉鎖とここでいうのは，対象を他律系と
して観察記述する視点をとることができたかどうかということでもある．だか
ら，もし物質的閉鎖に分類されれば，その対象は実証的には観察記述できなか
ったということだから，それは無ないし不可能性として否定的消極的に概念化
されるか，あるいは何らかの有として仮設的に想定や推察されるにとどまるこ
ととなるだろう．

　続いて，こうして作成された図1の4つの象限について説明する．二重の観
察記述の結果として4種類に分類された，1）他律的なもの（情報的開放かつ
物質的開放），2）非律的なもの（情報的開放かつ物質的閉鎖），3）（想定上な
いし潜在的に）自律的なもの（情報的閉鎖かつ物質的閉鎖），4）階層かつ自
律的なもの（情報的閉鎖かつ物質的開放）について，それぞれ順にみていく．

　1）他律的なものは，一方で情報的開放系だから，作動のルールがあらかじ
めデザインされプログラムされており，指令にしたがって作動する．しかも他
方で物質的開放系でもあるから，外部の観察記述者が，その作動のルールを理
解し制御することができる．また，入出力のルールが判明しているということ
は，ほかの他律系とのあいだで物体や信号の交換や通信による相互作用がみら
れ，このとき相互作用している諸システムが共有し参照している法則やコード
体系も，観察記述者に開示されている．定義上，一般に機械はここに分類され

るはずである．次に説明する非律的なものは，この他律的なものにおける例外的なものといえる．

　2）非律的なものは，一方で情報的開放系であるから，ほんらいは所与の何らかの作動ルールに準拠しているはずの対象が，しかし他方で物質的閉鎖系でもあるということは，観察記述者にとっては法則やコードから逸脱する例外的ふるまいをみせたということである．開放系でもあり閉鎖系でもあるとか，法則的でもあり例外的でもあるというと，あたかも矛盾しているようでもあるが，そうでないことは観察記述の視点がそれぞれ異なることを考慮すれば理解できる．つまり，ある観察記述の視点からはその内部の作動原理が法則的につくられているものが，ある別の観察記述の視点からは非法則的にみえたということである．したがって，非律的なものは，一般に，観察記述者の知識不足や誤謬による観察記述の結果である．たとえば，情報機器やアプリケーションなどのITエージェントも，高度に複雑に設計されプログラムされていると，その作動ルールやメカニズムは，開発者にとっては仕様にアクセスしてすべて理解することができても，一般にユーザーにはすべてを明らかに理解することはできない．このとき，ITエージェントは，開発者にとっては情報的開放系であっても，ユーザーにとっては不可知性が残り，ときには予測不可能な例外的ふるまいをみせることもあるだろう．しかし，ひとたびユーザーにその作動ルールが開示されて理解されれば，このITエージェントのふるまいはもはや規則的に観察記述できるようになるので，物質的な閉鎖から開放へと転化することになるだろう．したがって，この非律的なものの不可知性は他律系の機械的なものであり，自律系の生命的な不可知性とは原理的に区別される．非律系は作動ルールが決定されているのに観察記述者の知識が不足していたがゆえの不可知だが，自律系はその作動ルールを内的に自己構成しているから不可知なのである．これについては後により詳細に論じる．

　3）（想定上ないし潜在的に）自律的なものは，一方で情報的閉鎖系であるから，作動のルールを自己構成しているはずだが，しかし他方で物質的閉鎖系でもあるということは，この作動は観察記述されたものではなく，あくまで観察記述者によって想定され推察されたものにとどまる．たとえば，基礎情報学には生命情報ないし原―情報という概念があるが，これはまさに自律系の内

的─自己産出的な意味形成である原基的な情報（in-formation）として仮設されたもののことである（Varela, 1979；西垣, 2004；西垣, 2008）．観察記述なしにシステムや情報を現実化することはできない．物質的閉鎖すなわち観察記述不可能である以上，たんに自律的なものはそれだけでは積極的肯定的には把握されない．これが実際に観察記述されたとき，自律的なものは，次に説明する階層的かつ自律的なものとして実現される．たとえば，生命情報は，人間の観察記述者によって社会的に通用する仕方で言語化されることで，社会情報として実現される．

　4）階層的かつ自律的なものは，一方で情報的閉鎖系であるから自律的であるが，しかし他方で物質的開放系でもあるから他律的でもある．閉鎖系であり開放系でもあるとか，自律系であり他律系でもあるというと，あたかも矛盾しているようでもあるが，そうでないことは観察記述の視点がそれぞれ異なることを考慮すれば理解できる．これをシステム論的にモデル化しているのが，HACS である．それは，情報的閉鎖と物質的開放の両義性，ないし自律と他律の両義性を，下位システムと上位システムの階層性と観察記述の視点移動によって説明するモデルである．HACS は，下位システムがその情報的な作動を内的に観察記述すれば自律系として自己産出的に作動しており，なおかつ，その作動の副産物を素材とする別の自己産出的自律系である上位システムが成立しており，この上位システムの視点から下位システムを観察記述すると，あたかもそれは他律系として素材を産出しているようにみえる．このモデルでは，下位システムの産出したコミュニケーション素材が，上位システムの構成素として再帰的に継続発生することで，コミュニケーションが成立しているとみなされる．だから，この場合，コミュニケーションや物質的開放といっても，それは他律系どうしでの交換通信とは原理的に異なる．いわば，他律系は外部のコード体系に照合して一致することで通信するが，自律系は別の階層で別の自律系がそれぞれ自然に同じこととして実現されていることでコミュニケーションする．HACS 的な自律と他律の両義性を，本章では HACS の名称にならい，階層的自律性とよぶことにする．なお，西垣（2016：142-143）は，情報的閉鎖系の生命的な広義の自律性よりも狭義の概念として「社会的自律性」をあげ，これを人間が自ら信じる正しい基準にしたがって行為することと位置づけた．

本章でいう階層的自律性は，これと実質的にはほぼ同じことだが，その意味するところをHACSの一般的な性質として精緻に概念化するものである．ただし，本章でも，とくに社会的生物である人間について論述するときには，階層的自律性のかわりに社会的自律性という用語をつかうことにする．

　以上，図1の各項目を簡単に説明したが，この図について，本章の議論にかかわる範囲で，次の2点について補足説明する．まず，1）物質的閉鎖の不可知性と情報的閉鎖の不可知性の識別について．次に，2）生命的組織としての“人間―機械”複合系にメディアの観点からアプローチする可能性について．それぞれ順に説明する．

　1）たんに自律的なものも階層的かつ自律的なものも，いずれも生命的自律系（情報的閉鎖系）だから，その作動ルールは自己産出的であり，それゆえ外的な観察記述者には原理的に不可知である．こうした自律系の自己産出性に由来する不可知性が，他律系の観察記述者の不完全性に由来する不可知性と，原理的には異なるにもかかわらず，ときに混同されうることは先に少しふれた．このような混同の理由のひとつには，両者がともに客観主義的形式論理的には記述できず，逆説か矛盾になってしまうということがある．自律性は自己言及的であるし，階層的自律性はさらに自律と他律の両義でもあるため，形式論理的には逆説的な記述とならざるをえない．しかし物質的閉鎖性もまた，形式論理的には矛盾や不可能性として否定的な記述とならざるをえない．それは，存在しないものとして想定されることもあれば，存在するが観察記述者の理解の範囲を超えた例外的なふるまいによって法則を宙吊りにさせたものとして記述されることもある．対象がここに分類されるのは観察記述者の論理体系の不完全性によるものだが，そのような不完全性は物質的観察記述にとっては必然であり，そのことそのものは物質的観察記述のコード体系をかならずしも全否定することにはならず，むしろ，例外的な対象を説明しうるコード体系への更新のきっかけとなることでその発展に寄与することもおおいにある．たとえば，機械論的な科学は一般にこれによって進歩しているといえる．すなわち，いま科学者の視点からは非規則的ではあっても，ある想定された別の視点からは規則的にみえるはずのものについて，例外を説明しうるより普遍的な法則をつくることで，これを解明し，非律系を他律系へと転化してゆく．失敗は成功のも

とであるといわれるように，対象が観察記述者の理解の範囲をこえた例外的なふるまいをみせることは，むしろ科学にとっては理論更新の好機である．つまり科学は基本的にブラックボックスを相手にしており，その法則を解明できるかどうかは事前にはわからない．それゆえ，物質的閉鎖性としての不可知なものについて機械的非律系と生命的自律系を識別することが，科学的あるいはここでいう物質的な観察記述の視点からだけでは，原理的に不可能である．これは科学的ないし物質的な観察記述の欠点というよりは条件であり，さらにいえば社会性や間主観性の条件でもある．しかし，とはいえこれは，物質的閉鎖性の不可知性と，情報的閉鎖性の不可知性との，混同をもたらしもする．それゆえ，情報社会の文脈でいえば，機械の擬人化や疑似生命化が起こりもするし，逆に人間や生物の機械化も起こりかねない．しかし，図1にも明らかなように，情報的観点を重ね合わせれば，非律的なものの物質的閉鎖性に由来する観察記述の不可能性はあくまでも観察記述者の誤謬や知識不足などによる外観的な予測できなさであり，自律的なものや階層的自律的なものの情報的閉鎖性に由来する内発的な計り知れなさとは，識別できるものである．非律性は，あくまで特定の論理的や物理的な法則にとっての例外であるために，客観的に観察記述できなかったにすぎず，認識論的なパラダイムシフト（たとえば，学説の刷新であったり，学習による別の観点の獲得であったり，あるいは思いがけぬセレンディピティなど）によって，その法則を観察記述可能になることが期待されている．つまり，一見すると意味不明な外観の背後に，何らかの同一性を保証されたコード体系が想定された，いつか解読可能な暗号であり，これが解読されれば，その観察記述の視点からは完全に観察記述が可能な対象に転化する．したがって，たとえば，高度に複雑な機械や，原理が不明でも力業でこなしてしまう機械，統計的相関重視で因果関係がわかりづらい機械，はたまた故障して予想外のふるまいをみせた機械などに対して，観察記述者が擬人化や疑似生命化するのも，生命と機械の情報的な識別がないゆえの混同がおきているにほかならない．このような機械の予測不可能性と生命の自発性は，知識の仕方としても違いがみられる．機械の不可知性は観察記述の不可能性として消極的否定的に観察記述され，生命の不可知性は観察記述の自発性として消極的否定的ではない仕方で観察記述される．別言すれば，前者の観察記述の不可能性は予

測と失敗を通じて学習してゆく知識の仕方の条件だが，後者の観察記述の自発
性とは，実行可能性（viability）であり，実現できているという成功の気づき
方であったり，はたとさとり心得る気づき方であって，前者とは違う知識の仕
方である．これについて本章で十分に論じることはできないが，第3節と第4
節でも関連する仮説と展望について少しだけふれる．

　2）この図は，"人間—機械"複合系についての議論のためにもちだしたもの
のであり，実際，これからのべていくように，IT 設計の課題設定にも役立つこ
とを期待したものでもある．たとえば，あくまでも生命と呼びうる機械を目指
すのか，それともメディアとして生命的組織に参加する機械を目指すのか，両
者のアプローチは，前者が情報的閉鎖系をつくることを目指すものであり，後
者は情報的開放系がメディアとして情報的閉鎖系の階層的自律性を補助するこ
とを目指すものとして，明確に識別される．前者については本章の見地からは
語義矛盾となるために指針を提示しえない．というのも設計すればするほど自
律系からは遠ざかるからである．本章は後者について論じていく．したがって，
この論考においては，いかなる機械も情報的開放系である以上は，下位システ
ムとしても上位システムとしても HACS を形成するシステムとしては議論に
登場しないことになる．もちろん HACS では上位システムからみれば生物も機
械も他律系ではあるが，下位システムとしてみたら自律系でなければならない
から，たとえ擬似的暫定的にであれ機械を情報的閉鎖系や HACS とみなすアプ
ローチは原理的困難がある．とはいえ西垣（2014）も指摘する通り，実際に現
代の機械は社会組織において重要な役割を果たし，情報的閉鎖系の作動のなか
に情報的開放系である機械が混入して"人間—機械"複合系を形成するのであ
り，そのような HACS が考察されなければならない．そこでこの混入の仕方
について，機械は，HACS を形成するシステムとして HACS に参加するので
はなく，あくまでコミュニケーションを秩序づけるメディアとして HACS に参
加するものとして分析や設計をしてはどうか，というのが本章の提案である．
そのために，まず次の第3節で，HACS の階層的自律性に焦点をあてて，その
活性度について考察する．さらに第4節で，メディアがいかにして生命的社会
組織の階層的自律性の活性に関与するかについて考察する．

3. 階層的自律性（社会的自律性）の観察記述

　自律系と他律系すなわち情報的な閉鎖と開放だけで定義できるのは，個体としての想定上の生命までであり，生物の社会的ふるまい，社会的存在としての生物の側面は，これだけでは捉えられず，もうひとつの観点，すなわち物質的な開放と閉鎖の視点を重ね合わせることで，生命の自律性は，階層的自律性（社会的自律性）として観察記述できるようになるのだった．このことは，とりわけ社会的生物である人間の情報社会にアプローチするには不可欠である．このように，下位システムからみた自律性の観察記述と，上位システムからみた他律性の観察記述とを，重ねることで，HACS として情報社会が考察されることを，前節で確認した．

　HACS は観察記述から独立して即自的に実在していることを前提される存在物ではなくて，かならず観察記述とともにそのたびごとに立ち現れる．だから，迂遠で冗長なようでも，情報社会を HACS 概念によって学究的に考察するにあたっては，社会組織や個人や情報技術といった研究対象となるシステムについて，それが HACS として観察記述できるかどうか，そのつど検証されてしかるべきである．視点のとり方が誤っていないか，あるいは同じことだが，上位下位のシステムの想定が誤っていないか，確認するということである．上述のように，閉鎖系と開放系の誤認はありうる．このとき，観察記述の結果として，そのシステムが HACS でなかった場合は，観察記述する以前に想定した上位下位は語義矛盾だったことになるが，あくまでそれは観察記述の結果として事後的にしか判明しえないことであるから，それはそれで仕方がない．あらためて，本章の図 1 による識別は，あくまで観察記述のためのひとつの補助的なツールであって，これは観察記述から独立して何か実体として実在するもろもろのシステム存在なるものをその本質によって分類するためのグリッドではけっしてないし，また，HACS を観察記述するためにはこれ以外に方法がありえないというわけでもけっしてないということに，注意されたい．

　そのうえで，もし，HACS の観察記述の実際の手順を考えるならば，その一例として次のようにいえるだろう．まず，情報的な閉鎖と開放の識別は，観察記述者によって HACS として想定された諸々のシステムについて，下位 HACS

とみなされたシステムの視点からみたときに下位システム自身が閉鎖と開放の
どちらとして観察記述されたかの識別である．これでまず生命か機械かが識別
された．次に，物質的な開放と閉鎖の識別は，その上位 HACS の視点からみ
たときに，下位システムが開放と閉鎖のどちらとして観察記述されたかの識別
である．これはいわば，他律的であるか他律的でないかを識別したのだが，こ
こで他律的でないということはそれだけでは自律的であることを意味している
わけではないことに注意しなくてはいけない．換言すれば，ここで識別された
のはあくまで予測可能か予測不可能かである．このとき，もし，このシステム
がすでに情報的開放系すなわち機械として識別されていた場合には，この物質
的識別によってさらに，このシステムが上位システムにとって，正常に動作す
る機械として観察記述されたか，異常に動作する（故障した）機械として観察
記述された（というよりも精確には正常に動作する機械としては観察記述不可
能であった）かが，識別されたことになる．他方，もし，このシステムがすで
に情報的閉鎖系すなわち生命として識別されていた場合には，物質的識別によ
ってさらに，このシステムが上位システムにとって，社会組織（上位 HACS）
の成員として観察記述されたか，社会組織（上位 HACS）の成員ではないもの
として観察記述された（というよりも精確には社会組織の成員としては観察記
述不可能であった）か，が識別されたことになる．

　先述のとおり，この予測不可能性はあくまで外部の観察記述者が則る規範に
とって例外であったために予測できなかったということであって，階層的自律
性が自発的であるために不可知性であることとは決定的に異なるのだった．と
ころで，社会的自律性が問題になっているときには，これは機械の擬人化に注
意せよということにとどまらない．ある生物個体が，その帰属する社会組織か
ら逸脱するような行為を観察記述されたとき，それが必ずしもその生物個体の
自由や自発性のあらわれとは限らないということに注意せよということでもあ
る．というのも，階層的かつ自律的なものの自由や自発性とは，独立した自己
同一的な個体の自意識による制御のことではないからである．階層的自律性は，
物質的開放の他律と情報的閉鎖の自律の二重性としてしか，観察記述されえな
い．社会的生物にとって，自由で自発の行為とは，おのずからとみずからが重
なる階層的自律性が，社会システムと心的システムの二重性として体現されて

	内部観察	
外部観察	自由なしの約束	約束かつ自由
	約束も自由もなし	約束なしの自由

図2　階層的自律性（社会的自律性）

いるということにほかならない．すなわち，他律と自律の両義性，約束と自由の両義性である．これが，上位 HACS の客観的な観察記述者からは他律系として観察記述されるとともに，下位 HACS の主観的な観察記述者からは自律系として観察記述されるのである．それは，たんに他律性か自律性かという二極端だけではみえてこない．主観と客観の両義性の理解なしに，他律か自律かの二極端の対立や主観か客観かの二極端の対立にもとづいてしまっては，後述するように，生命的組織としての“人間—機械”複合系という課題のもつ倫理的な繊細さを捉え損ねることにもなりかねない．階層的自律性は，他律性でないのはもちろんのこと，たんに他律性の否定としての自律性でもないのである．本節では，このような階層的自律性（社会的自律性）の観察記述について考察していく．

　階層的自律性（社会的自律性）は，理念的にはその様態を，約束と自由の2軸からなる4象限として分類できるだろう（図2）．これは，ある HACS についての観察記述の結果を分類するものである．約束とはここでは，上位システムの視点から下位システムの作動を外的に観察記述したときに，これが上位システムの意味構造や価値規範にかなっているかどうかで識別される．自由とはここでは，下位システムの視点からおのれの作動を内的に観察記述したときに，これが下位システムの意味構造や価値規範にかなっているかどうかで識別される．この二重の観察記述の結果として，1）自由なしの約束，2）約束も自由もなし，3）約束なしの自由，4）約束かつ自由，という4種類に分類される．これらの各様態について，ある社会組織とその成員である個人の関係を例として順に説明する．

1）自由なしの約束とは，個人のふるまいが社会からは約束にかなうように
みえる一方で，当人としては不本意で意味が見出せないふるまいを機械的にこ
なしていたり信念に反するふるまいを強制されているように感じている．こう
した社会組織は，あたかも他律的なメガマシンに近づき，変化に乏しい環境で
は反応の効率がよくても（reactive），自由が機械的に抑圧されていて意味構造
や価値規範を自己構成できないから，生成変化する環境のなかで柔軟に応答す
る臨機応変な自由自在さはよくない．社会的自律性は不活性である．

2）約束も自由もないとは，個人のふるまいが社会からは約束をやぶるよう
にみえるうえに，当人としてもまた自由意志にもとづいてふるまっているつも
りもない．こうした社会組織は，あたかも非律的な例外状態に近づき，社会と
個人の関係は嚙み合わず，危機的な情況のなかで反応も応答もままならぬ宙吊
りにある．社会的自律性は不活性である．

3）約束なしの自由とは，個人のふるまいが社会からは約束をやぶるように
みえ，当人としても自由意志にもとづいてふるまっているつもりである．こう
した社会組織は，あたかも（階層性なしの）自律的なエゴイズムに近づき，社
会的規範からいっさい解放された個人の自由な革新性が存分に発揮されるもの
の，それは無責任な野放途によって社会組織が解消しつつあることでもあり，
社会性はよわい．社会的自律性は不活性である．

4）約束かつ自由とは，個人のふるまいが社会からは約束にかなうようにみ
え，当人としても自由意志にもとづいてふるまっているつもりである．こうし
た社会組織は，まさに階層的自律性の体現であり，社会性によるおのずからの
ふるまいと，自律性によるみずからのふるまいが，重なり合っており，社会組
織として情況に臨機応変かつ自由自在に責任をもって応答しうる（responsible）.
社会的自律性は活性である．

なお，ここで，約束と自由の有無に中間段階が設定できるかどうか，つまり
階層的自律性に段階的な度があるといえるかどうかは，議論がわかれるだろう．
第2節でとりあげた閉鎖と開放には，二視点の重ね合わせとしてのある種の中
間性はあっても，閉鎖と開放の中間段階はない．では，約束と自由については
どうか．素朴に経験的には，より自由とかより不自由とか，約束がかたいとか
約束がゆるいとか，中間段階の度がありそうでもある．しかし他方で，そのよ

うな度があったとしても，計測の仕方は明らかでない．自由も約束も，HACS
の作動様態にかかわるものであり，自律的で自己構成的な意味の内的形成のあ
り方である以上，客観的物質的に観察記述できる領域ではないからだ．それら
は生命的な情報（in-formation）である．だから，いわゆるシャノンの数学的
通信工学的なエントロピーとしての情報（information）の量とは関係ない．情
報量の考え方が適用できるのは，情報的開放系である．情報的開放系の他律性
と非律性であればエントロピーとネゲントロピーによって情報量化すること
はできるかもしれないが，階層的自律性は，前節でみたように，情報的閉鎖性ゆ
えに計り知れないもの，いわば暗黒情報であるため，外的客観的な観察記述に
よって計量するという考え方が通用しない．したがって，階層的自律性につい
て，情報量とは異なる別の何らかの強度を作業仮説的に想定することもできる
かもしれないが，その観察記述の仕方は不明である．事後的な観察記述として
は，コミュニケーションの継続発生として観察記述することができるかもしれ
ない．すなわち，生成変化する情況のなかでHACSとして臨機応変かつ自由自
在に意味形成しコミュニケーションを継続発生できているという実行可能性に
よって評価される．しかしこれは活性度だろうか．これによって実証されるの
は，HACSが生存しているかどうかであり，そこに中間段階はないのではない
か．後述するメディア・アプローチで今後進展があるかもしれないが，本章で
は結論は出ない．しかし，いずれにせよ，それぞれの観察記述の視点からの意
味と価値の構造に準拠して判定される二重の識別によって，図2の4象限の理
念系は作成できる．

　さて，社会的自律性は約束かつ自由であるとき活性なので，生命的組織とし
ての社会組織の活性化は，これを目指すこととして目標設定される．"人間—
機械"複合系としては，そのためにどのように機械を設計し実用するかが課題
となる．もちろん，このように目標を設定したからといって，それを目指すた
めの最適なルールを導き出して，それを社会組織に適用するという仕方では，
この目標は達成できない．なぜなら，いくら生命的組織としての活性化の大義
があろうと，社会組織をデザインすることは，HACSの条件のひとつである自
律性の消去になってしまうからだ．下位システムも上位システムも，それ自身
において観察記述されれば，自律系として作動ルールを自己構成していること

が，階層的自律性の条件である．社会組織が活性的である約束かつ自由とは，下位システム（個人）が上位システム（社会）の自律的な規範を心得るとともに，しかもそれに従属したりその規範に照合して判断するのではなく，あくまで下位システムとしての自律的な作動がそれと同じこととして体現されているという情況である．ではどうするか．本章の考え方はこうだ．ひとつひとつのHACSとしての社会的人間が自己観察記述として自らのHACSを知識するとともに行為として体現すること，そしてそのためのメディアとして機械を活用すること．したがって，問いとしては，下位システム（わたしなるもの）が，上位システム（わたしの社会組織なるもののコミュニケーションの実相，より抽象的には潜在的な約束としての現実）を，いかに自己観察記述するか，として立てられる．なぜ，一般的な個人や社会組織ではなく，わたし（心的システムないし内部的な観察記述者）なるものだけがここで問題となるのかといえば，それは，HACSを自己観察記述できるものはそれしかいないからだ（西垣，2008）．したがって，メディア・アプローチは，究極的には，自己観察記述の問題となるし，さらにここで自というのも，階層的な多重の自であるから，主観的客観的というよりも，フランシスコ・J．ヴァレラ（Francisco J. Varela）らにならっていえば，いわば「中観的」な観察記述の問題となる（Varela, et al., 1991）．それは，情報技術によって，いかにしてある社会組織がその成員を運営や配備や制御するかでも，いかにしてある成員がその社会組織を運営や配備や制御するかでも，ない．情報技術によって，いかにして，素朴な自己（個人にせよ社会組織にせよ）ではなく社会的存在としての多重かつ単独のわたしなるHACSを，自己観察記述するかである．つまり，問われているのは，上位システムそのものでも下位システムそのものでもない，両者の重ね合わせとしての階層的自律性である．メディアの観点から言い直せば，それは自らがそれであるところの階層的自律性の実相を自覚するとともにそれを実現するためのメディアといえる．このようなメディア・アプローチについて，次節でのべる．

4. 生命的組織としての"人間─機械"複合系へのメディア・アプローチ

　基礎情報学においてメディアの重要な役割は，コミュニケーションを秩序づ

けることである（西垣, 2004：第3章；西垣, 2012：第3章）. ここでコミュニケーションというのは, 他律系の機械たちのあいだで記号や信号を交換や通信することではない. コミュニケーションは, HACS の上位システムの構成素である. したがって, HACS の可能の条件としてその活性に決定的にかかわる. メディアがコミュニケーションの継続発生を媒介し整序することによって, 生命的組織が活性化することもあれば不活性化することもありうる. 基礎情報学におけるメディアには, 伝播メディアと成果メディアの2つの機能がある. 伝播メディアは情報の担体としてのパターンないし記号の物質的な伝達を媒介する. 成果メディアは, コミュニケーションの継続発生を意味的に整序する. この成果メディアはさらに, 連辞メディアと範列メディアにわけることができる. 連辞メディアは, あるコミュニケーションの次にどのようなコミュニケーションが連鎖できるかの継続的な接続を整序する. 範列メディアは, そもそもコミュニケーションの選択肢として可能なものの範囲を意味的に限定する概念的な連関を整序する. また, これらに加えて, ドミニク・チェン（2014）は準備メディアという概念を提案してもいる. これはメディアがいかにあらかじめコミュニケーションを秩序づけているかというメディアの先験性を研究するのに効果的だろう. メディア・アプローチは, ある機械が生命的組織の活性化に関与する仕方を, こうしたもろもろのメディアとしての作用に着目することで考察し設計する.

　たとえば, ロボットについて考えてみよう. 人間とロボットのコミュニケーションというとき, これはもちろん人間とロボットがともに他律系のように相互作用的に通信することではないが, それだけでなく, メディア・アプローチ的には, 人間とロボットがともに下位システムとしてひとつの HACS を形成することでもない. すでにこの人間がひとつの HACS なのであり, 考察されるのは, その社会的自律性と, そこに機械がいかにメディアとして作用しているかである. 人間とロボットのことを, HACS を形成する下位システムと下位システムという図式ではなく, HACS とメディアという図式でみるのである. 個人としての独立した人間なるものが機械と対話や相互作用をしているという図式では, 人間の社会的自律性を, 物質的に閉鎖した（観察記述されていない）単純な自律的なものの実体化か, 情報的に開放した（生命の条件を満たさない）

単純な他律的なものへの機械化に，解消してしまう．外観的な観察記述者にとっては，ある個人とロボットが対話しているようにみえたとしても，その実相においては，この個人は人間であるからにはすでに個人的かつ社会的な HACS なのであるから，HACS としての社会的存在である単独かつ多重の人間と，その HACS としてのコミュニケーションの成立を補助するメディアとしてのロボット，という図式でとらえることではじめて，生命的組織としての“人間―機械”複合系の社会的自律性について考察される．したがって，たとえ一人の人間と一体のロボットとの関係であっても，そのメディアとしてのロボットの設計は，まずデザイナーがこの HACS たる人間の上位システムと下位システムをどう仮設して観察記述するかに決定的にかかっているのであり，ここがデザイナーの腕のみせどころでもある．そしてそのうえで，伝播メディアや成果メディアといったもろもろのメディアとしてのロボットの作用が着目されるのである．個人とロボットとの相互作用をいくらみても，あるいは，ロボットを（疑似）HACS とみなしてみても，生命的組織の活性はみえてこない．HACS の社会的自律性とメディアの関係に注意すること．これがメディア・アプローチの考え方である．

　さらに，このようにメディアを理解して設計することは，基礎情報学的な倫理学にそのままかかわる．たとえば西垣は次のようにいう．「さて，ここで，「倫理」は，いったいいかに捉えられるだろうか．まず倫理規範とは，基礎情報学的にはコミュニケーションの継続を導く一種のメディアである．それは具体的には，コミュニケーションの素材を提供している心的システムに対し，社会システムの観察者の見地からその素材（つまり心的システムの出力）のありようを規定するもののことである．そして，倫理感（道徳感）は，心的システムが，自らを社会システム観察者と想定して推量する，規定の実践的内容に直接関連している．たとえば，「学者は（得られる利益ではなく）専ら真理のために学説を立てよ」というのが倫理規範であり，「自分は学者であるから，学者らしく真理探究のために語らねばならない」というのが倫理感なのである．すなわち端的に言えば，社会や共同体がその構成員に要求する役割や行動様式が倫理規範であり，その内容を構成員が自覚的かつ実践的に共有するとき倫理感が生まれることになる」（西垣，2007：203-204）．何かある特定の規範に準拠して行為

156

することが倫理的なのではない．規範と自覚＝実践がそれぞれに自己構成する
とともに同じことであることそのものが倫理的なのである．たとえば，ヴァレ
ラが，倫理的ノウハウなるものを，自でも他でもなく空である我あるいは情況
の応答としてとらえようとしたのは，まさにこのことではなかったか（Varela,
1999）．つまり，デザインされプログラムされた道徳主義的規範などそもそもな
い，ルールが，他から指令されるのでもなく，個人としての自己同一性に準拠
するのでもなく，HACS としておのずからかつみずから構成するものである社
会的自律性の，規範も自我も無根拠で偶然的である条件での，倫理的知行合一
が問われているのである．しかも，機械つまり設計と指令で制御可能な情報技
術が，メディアとしてこの社会的自律性のコミュニケーションを秩序づけるの
だから，情報倫理がもっとも問われるべきはまさにここである．メディア・ア
プローチの倫理は，ある HACS のコミュニケーションに作用しているメディア
を理解し設計することを，その HACS が固有の約束かつ自由たる社会的自律性
を自発的に知識しかつ構成することを成立させているメディアにアクセスする
ことで，自己観察記述を補助することとして実現できるかどうかにかかってい
る．

　この階層的自律性のおのずからかつみずからの自発性を自己観察記述すると
いう主観的でも客観的でもない知識＝行為とは，いったいどういうことなのか．
もちろんこれを事後的に観察記述するというのであれば，ことは明解であり，
本章で説明した仕方で階層的自律性として分析すればよい．しかし，いま生き
ているこのわたしなるものがそれを体現するというのは，それと同じことだろ
うか．生命的組織の知行合一するさなかに多重の自発性を自覚かつ実践するこ
とを補助するメディア・アプローチはいかなるものになるのか．たとえばヴァ
レラが神経現象学や空性現象学として探究した道の先にその見通しがひらけて
いるのだろうか（ヴァレラ，2001）．あるいは基礎情報学で展望されている人称
の区別を乗り越えて生命的組織を活性化するタイプ III アプリケーション／コ
ンピュータは，このような自覚＝実践のメディアとなるだろうか（西垣，2008）．
メディア・アプローチにはこれらの問いが今後の課題となる．

参考文献

チェン，ドミニク（2014）「基礎情報学の情報システムデザインへの応用に向けた試論」西垣通・河島茂生・西川アサキ・大井奈美編著『基礎情報学のヴァイアビリティ——ネオ・サイバネティクスによる開放系と閉鎖系の架橋』東京大学出版会.

Hansen, M. B. N. (2009) "System-Environment Hybrids," in B. Clarke & M. B. N. Hansen (eds.), *Emergence and Embodiment: New Essays on Second-order Systems Theory.* Duke University Press, pp. 113-142.

Maturana, R. H. & F. J. Varela (1980) *Autopoiesis and Cognition: The Realizatoin of the Living.* D. Reidel.

西垣通（2004）『基礎情報学——生命から社会へ』NTT出版.

西垣通（2007）「日本情報社会の倫理——ヴァレラの"身体化された心"への基礎情報学からの考察」西垣通・竹ノ内禎（編著訳）『情報倫理の思想』NTT出版，pp. 193-207.

西垣通（2008）『続　基礎情報学——「生命的組織」のために』NTT出版.

西垣通（2012）『生命と機械をつなぐ知——基礎情報学入門』高陵社書店.

西垣通（2014）「暫定的閉鎖系についての一考察」西垣通・河島茂生・西川アサキ・大井奈美（編著）『基礎情報学のヴァイアビリティ——ネオ・サイバネティクスによる開放系と閉鎖系の架橋』東京大学出版会，pp. 205-227.

西垣通（2016）『ビッグデータと人工知能』中央公論新社.

Varela, F. J. (1979) *Principles of Biological Autonomy.* Elsevier North Holland.

Varela, F. J. (1999) *Ethical Know-How: Action, Wisdom, and Cognition.* Stanford University Press.

ヴァレラ，フランシスコ・J.（2001）「空性の現象学（I）」伊藤泰雄訳・永井晋解題『現代思想』，29(12)，140-160.

Varela, F. J., E. Thompson, & E. Rosch (1991) *The Embodied Mind: Cognitive Science and Human Experience.* The MIT Press.

第8章 人工知能は自分の世界を生きられるか

思弁的実在論からの考察

西垣　通

1. 生命体と機械を統べるルール

1.1 シンギュラリティと汎用人工知能

イマヌエル・カント（Immanuel Kant）に始まる近代哲学の伝統に挑戦状を
たたきつけたフランスの現代哲学者カンタン・メイヤスー（Quentin Meillas-
soux）の議論が，数年前から世界的な注目を集めている．これは「思弁的実
在論（speculative realism）」と呼ばれるが，概括すれば，人間の主観的認識か
ら独立した，数学的・科学的な宇宙（世界）の客観的記述の根拠に関わる議論
と言えるだろう（それゆえ「思弁的唯物論」と呼ばれることもある）．本章では，
その議論に対し，基礎情報学の観点から考察を加える．

ここで，とりわけ焦点となるのは，人工知能と思弁的実在論との関係に他な
らない．なぜなら，思考機械としての人工知能こそは，人間の主観から独立し
て自ら宇宙（世界）を分析し記述していると見なされることが多いからだ．近
年の人工知能ブームは，2010 年代に深層学習というパターン認識技術のブレイ
クスルーがあったことが切っ掛けだが[1]，コンピュータが自動的に概念を把握
できるという主張がなされ，一挙に夢が広がりつつある．人工知能が自力でよ
り賢明な人工知能を作成するという操作が実現できれば，指数関数的にその知
力が増加し，2045 年あたりに人間の知力をしのぐようになるという「シンギ
ュラリティ（技術的特異点）仮説」を信じる人も少なくない（Kurzweil, 2005）.

シンギュラリティ到来後に想定される人工知能は，いわゆる「汎用人工知能」
である．すなわち，それは人間のような自我意識をもち，主体的に判断でき，
多様な機能をもつ存在に他ならない．これに対して，限られた応用分野に関す
る知的処理能力を有し，人間のおこなう行為の一部を補助または代替する機能
をもつ存在が「専用人工知能」である．現在，実用化されているのは専用人工
知能のみであり，汎用人工知能はまだ地上に出現していない（このような汎用
人工知能は「強い人工知能」，専用人工知能は「弱い人工知能」と呼ばれるこ
ともある．「強い人工知能」については第 1 章でものべた）.

---

1 ）グーグルによる猫画像認識や，囲碁ソフトの名人を破る強さが注目された.

汎用人工知能の実現可能性については，専門家のなかでも意見が分かれる．ここで，生命体と機械との間に明確な境界線を引けるか否かが，主要なポイントとなる．原理的な境界線を認めない議論は，汎用人工知能の実現を肯定的にとらえがちである．その根拠は次のようなものだ．――人間をふくめた生物も自然の一部であり，したがって生命体の諸機能を司るルールは，たとえ現在すべてが既知でないにせよ，科学的に探究できるはずである．具体的には脳神経系の研究がその代表と言える．脳神経系の機能を完全に分析できれば，これと同等の機能をもつコンピュータを設計することができ，そこで人間の思考を再現することができるはずだ．これこそまさに求める汎用人工知能であり，それは，人間から独立した自律的思考を可能とするだろう．ゆえに，そこに人間をしのぐ知性の誕生を認めることができるのである．

この宇宙のなかに，人間をしのぐ知性をもつ生命体が決して存在しないという根拠を見出すことは難しい．とすれば，汎用人工知能を新たに誕生した優れた知性とみなすことも必ずしも非合理的とは言えないだろう．以上のような議論の前提となるのは，いわゆる「素朴実在論（naïve realism）」である．すなわち，地球は宇宙の太陽系のなかの一つの星にすぎず，宇宙をふくめた自然自体は人間とは独立に実在している．人間の発生以前の太古から宇宙は実在したし，仮に汎用人工知能との戦いに敗れて人間が滅亡してしまった後でも，宇宙は引き続き実在しつづけるだろう．そこでは，われわれが実験と数学にもとづいて探究した科学的ルールが相変わらず成立し，天体の運行をはじめ自然界のありさまに基本的な変化はない．――こういった素朴実在論は多くの一般人が共有する信念だが，それだけでなく，現代の大部分の科学者／技術者も，このような素朴実在論を前提として活動しているのである．

1.2 素朴実在論の脆弱さ

しかし，素朴実在論は現代哲学において広く認められているわけではない．少なくとも，カント以降の哲学においては，時間と空間からなる宇宙におけるルールを探究する人間の理性そのものが徹底的に批判され，人間の主観にもとづく宇宙（世界）の認識がいかにして客観性をもちうるのかに対する考察が繰り広げられてきた．時間や空間さえも人間から独立した存在ではなく，人間が

認識できるのは「現象（phenomenon）」であって絶対的な「物自体（Ding an sich）」ではない，というカントの主張は周知のものである．あくまで主観的な人間との関わりのもとに宇宙（世界）を捉えるという，この関係論的な思想は，エトムント・フッサール（Edmund Husserl）をへて，ルートヴィヒ・ヴィトゲンシュタイン（Ludwig Wittgenstein）やマルチン・ハイデガー（Martin Heidegger）といった思想家によってさらに洗練され，現代哲学の主流を形成している．そこでは，生きた人間の主観的生活や言語使用という側面が重視されるので，そういう側面を無視して客観的に宇宙（世界）を探究できるという素朴実在論には根本的な疑問符が突きつけられるのだ．

　このように，科学技術研究の哲学的基盤は揺らいでいるにもかかわらず，研究者や一般の人々のあいだであまり問題は顕在化していない．その主な理由は，日常生活と科学技術に関する言説のあいだで暗黙のうちに棲み分けがなされているためと言っても過言ではないだろう．たとえば，天文学の研究は，天文を観測し研究している人間の主観的関与を括弧に入れ，絶対的な客体としての天文の測定データにもとづく分析が行われていると仮定しても，それほど大きな問題はないのである．天文学に限らず，自然科学的な知は多かれ少なかれそういう特性を持っている．ここで，対象の中の，客観的にとらえられる計量的性質と，主観的に捉えられる感覚的性質の相違に注目し，自然科学は専ら前者に関わると考えれば，棲み分けはもう少し明確になるだろう．

　しかし，人工知能においては，この棲み分けは困難である．コンピュータが人間と同程度またはより優れた知性をもって自動的に思考し，あたかも感情をもつ人間と同様に社会的行動をおこなうという，汎用人工知能をめぐる議論は，素朴実在論と現代哲学の領域を隔てる壁に正面からぶつからざるを得ないのである．ところで，ネオ・サイバネティクスの系譜につらなる基礎情報学は，言うまでもなく素朴実在論を前提にした議論ではない（詳しくは第1章を参照）．そこでは，生命体と機械のあいだに明確な境界線が引かれるのだが，その境界線は，観察／記述をおこなう視点の相違に由来している．すなわち，ネオ・サイバネティクスでは，神のように絶対的／超越的な一元的視点から宇宙（世界）を観察し記述するのではなく，個々の生命体が主観的に宇宙（世界）を観察するという，多元的視点が前提とされる．基礎情報学では，社会的コミュニケー

ションを通じて，多元的視点からの記述が相互に調整され，疑似的な客観性が求められていくと考えるのだ．こういった考え方はむしろ，カント以来の関係論的な現代哲学と親和性が高いのである．

言い換えると，このことは，生命体と機械を統べるルールが根本的に異なるという論点につながってくる．機械は人間のつくる他律系であり，その作動を司るルールは予め規定されている．人工知能のように複雑な機械であっても，原理的には，人間が外部からその動作を厳密にたどることが可能である．しかし一方，第1章でのべたように生命体とは本来，自らの内部作動にもとづいて時々刻々，自己言及的に自らを創っていくオートポイエティックな自律系であり，その作動ルールを外部から完全に検知することはできない．主観的世界のベースは，ルールの不可知性の有無である．原理的に，ロボットを統べるルールは可知であるが，生命体を統べるルールは推測しかできない．

こうして，基礎情報学は，脳研究にもとづく汎用人工知能の実現可能性を否定するにいたる．いかに精細な脳の測定データを得たとしても，それがもたらす知見は，基礎情報学的には，人間の思考の限られた側面を照らすにすぎないのである．

ところでメイヤスーの思弁的実在論は，カント以来の関係論的（メイヤスーの用語では相関主義（corrélationism）的）な現代哲学に挑戦し，人間不在という条件のもとであっても，物自体という絶対的存在に関する記述の妥当性を認めようとする．したがって，その議論が素朴実在論にもとづく自然科学と現代哲学の溝をうめると期待する人は多いだろう．すなわち，思弁的実在論は「数学化可能なものは絶対化可能」であり，数学をベースにした科学的記述の正しさを論証しようとしているのである．

思弁的実在論におけるこのような反‐人間主義から，それが，汎用人工知能の実現性を肯定する議論である，という印象を受けがちだ．汎用人工知能の実現性を否定する議論の多くは，素朴実在論を退ける相関主義的な現代哲学を論拠とするものが多い（Dreyfus, 1979 や Searle, 1984 および Winograd & Flores, 1986 など）．それゆえ，思弁的実在論に「頼もしい支援理論」という位置づけをあたえる汎用人工知能の研究者も出現するはずである．しかし，本当に思弁的実在論は，現代の素朴実在論的な科学的探究に根拠をあたえ，さらに汎用人工知能

第 8 章　人工知能は自分の世界を生きられるか　165

の実現性を肯定する哲学的理論だと言えるのだろうか．実は問題はそれほど単純ではない．本章の目的は，この問題を基礎情報学的に掘り下げていくなかで，汎用人工知能の実現性に関わる議論に新たな光を投げかけることにある．

2.　メイヤスーの思弁的実在論

2.1　相関主義の哲学

　素朴実在論は分かりやすいが，人間と無関係に宇宙（世界）が存在し，その有様を客観的かつ正確に観察／記述できるというのは，あまりに安易な考え方である．観察をおこなう人間の知覚器官はかならずしも正確ではないし，主観にともなう個人差も少なくない．そこで，人間の認識能力や理性を徹底的にとらえ直すカントのような批判哲学が不可欠となる．絶対的存在である物自体を人間主体は直接認識することはできないのであり，あくまで人間主体と対象（現象）との「関係」に注目しなくてはならない．こういう関係論的な考え方は大半の現代哲学者によって認められている．両者を別々にとらえ物自体を認識できると仮定すると自己矛盾に陥る，という循環的な関係をメイヤスーは「相関的循環（cercle corrélationnel）」と名づける．相関的循環は現代哲学の大前提なのだが，メイヤスーは以下にのべるように，これを克服する議論を展開しようと試みるのである．

　著書『有限性の後で』において，相関主義のモデルには二つあるとメイヤスーは分類する（Meillassoux, 2006a）．カントによる「弱い相関主義」と，ハイデガーやヴィトゲンシュタインによる「強い相関主義」だ．前者では，物自体は認識不可能だ（悟性のカテゴリーで捉えられない）が，これを思考することは可能だということになる．ここで「思考可能」とは思考の対象が無矛盾だということである．なぜなら，もし論理的矛盾があれば，理性つまり推論をつかさどる能力で把捉できなくなってしまうからである．つまり，カントは，物自体（絶対的存在）は認識できないにせよ，そこに矛盾律は成立していないと考えたのだ．

　一方，後者すなわち強い相関主義は，物自体が無矛盾からどうかさえ，人間には分からないと断じる．これはカントの相関主義をより徹底したモデルであ

り，人間主体は物自体を認識不可能なだけでなく，思考さえできないと見なすのである．つまり，矛盾の有無さえも人間の側の問題であり，したがって物自体について無矛盾律を保証することなどできないというわけだ．この考え方は，カントの議論の中にある形而上学的残滓を取り除き，近代の関係論的思考をどこまでも追究した明快な議論と言えるだろう．実際，強い相関主義は現代哲学において非常に説得力をもつ議論であり，情報の哲学的ベースを問う基礎情報学とも，もっとも近い考え方と位置づけられる．「語り得ぬもの」については沈黙しなくてはならないのだ．

　ここで重要な点を指摘しておく必要がある．古典的な形而上学では，いまこの宇宙（世界）がかくかくしかじかのように存在しており，それ以外のようになっていないという事実には，確固とした「理由」があると考える．ゴットフリート・ライプニッツ（Gottfried Leibniz）のような古典的形而上学者だけでなく，素朴実在論を信じている一般の現代人の中にも，漠然とそう信じている人は少なくない．ものごとには原因と結果があるから，因果律のもとで合理的に判断するなら，そう信じるのは納得がいく（たとえば，昨日買ってきたビールが冷蔵庫のなかから消えているとすれば，誰かが呑んでしまったからに違いない，など）．いま，こういう「理由律（principe de raison）」が成立するとしよう．理由律のもとでは，あらゆる存在の理由（原因）をどこまでもたどっていくと，最後には，それ自体のなかに理由をふくむ究極的存在に行き着くはずだ．その究極的存在は「必然」的に存在するはずであり，ルネ・デカルト（René Descartes）は有名な「神の存在論的証明」をおこない，この究極的存在を神だと考えた．神は必然的（絶対的）存在であり，神から宇宙（世界）のあらゆる存在は派生していることになる．

　古典的形而上学を批判したカントは，デカルトと違って必然的存在としての神を認めるわけではない．理由律の絶対化を克服しようと試みたのである．しかし他方，物自体が思考可能（無矛盾）だとすれば，論理的には必然的存在に行き着くはずだという議論も成立するので，これは弱い相関主義における難問となってくる．だが，人間主体との関係性を徹底化した強い相関主義では，この難問は氷解してしまう．なぜなら，物自体はそもそも思考できず，無矛盾かどうかも分からないという立場だからだ．強い相関主義は，論理法則さえも人

第 8 章　人工知能は自分の世界を生きられるか　167

間のものだという考え方と言えるだろう.

　メイヤスーはのべる.「相関主義の弱いモデルでは,無条件的必然性のあらゆる証明を認めないことによって,理由律の脱-絶対化を主張していた.相関主義の強いモデルでは,理由律をいっそう強く認めない態度として,無矛盾律の脱-絶対化までをを行うのであり,あらゆる表象を相関的循環の限界に従属させるのである」と（Meillassoux, 2006a=2016: 76）.

　だがこのとき,強い相関主義においては別の問題が発生する.人間の思考できる領域の「外部」で,理性に反する言説を許容することになってしまうからだ.つまり,物自体に関する神秘主義や,あらゆる非合理的な信仰をも,リベラルに認めなくてはならなくなる.だから,仮に残酷な狂信が荒れ狂ったとしても,その言説を論理的に批判することはできなくなってしまう.なぜならそこは思考不能な領域だからである.

　ここでメイヤスーは,通常は強い相関主義とひとくくりにされがちな,新たな哲学的立場に注目する.フリードリヒ・ニーチェ（Friedrich Nietzsche）,ゲオルク・ヘーゲル（Georg Hegel）,ジル・ドゥルーズ（Gilles Deleuze）らの議論であり,これをメイヤスーは「形而上学的主観主義[2]」と呼ぶ.この考え方はある意味で,相関主義の主観主義的な側面をいっそう強調したものと位置づけられるだろう.つまり,形而上学的主観主義は,強い相関主義と異なり,物自体という思考不能な領域を認めないのだ.主観主義的な観念（たとえば,ヘーゲルにおける精神,ニーチェにおける力への意志,ドゥルーズにおける生など）が絶対的なものであり,それによって物自体をも思考できると考えるのである.確かにそうすれば,強い相関主義にとっての「外部」領域は消え失せ,非合理的な信仰や狂信をゆるす余地はなくなるだろう.

　とはいえ,ここで大きな問題が生じる.相関主義とは本来,「反‐絶対主義」に他ならない.人間主体の知覚の限界や経験の多様性をふまえて,古典的な形而上学が前提としたような絶対的認識,さらにそれにもとづく宇宙（世界）の必然性についての理由律を否定したのだった.これを一種の相対主義と位置づけることができるだろう.ところが,主観に発する観念を絶対的なものと断言

2）原語は「métaphysique subjectiviste（主観主義的形而上学）」だが,強い相関主義と対比させるため,本章ではあえてこう訳す.

168

するなら，それは本質的に，相関主義の考え方に背馳することになってしまう．主観にもとづく相関主義から出発しながら，絶対主義に立ち戻ってもよいのか．

　したがってメイヤスーは，ドゥルーズから大きな影響を受けているにもかかわらず，批判をこめて次のように述べる．「私にとって，ドゥルーズは主観性の特性の集合を絶対化し，生（あるいは「一つの生（a Life）」）を実体化し，またそれらを私たちの人間的で個的な世界との関係から徹底的に独立したものとして提示している形而上学的主観主義者です．強い相関主義と主観主義の形而上学との間のこの区別は，『有限性の後で』のまさに核心を占めています．…（中略）…この対立こそが，私に事実性 facticity の絶対的な必然性を立証することを許すのです」と（Meillassoux, 2012=2015: 134）．

2.2　理由の究極的不在

　要するに，強い相関主義と形而上学的主観主義という二つの現代哲学の有力な考え方の相克から，メイヤスーは自分の思弁的実在論を導きだそうとするのである．詳細は『有限性の後で』の第三章に述べられているが，端的には，この宇宙（世界）のありさまを，そうなっている「理由」を問わずに，人間から切り離された「事実」として認めてしまおうというわけだ（なおメイヤスーの用語では，「思弁的（spéculatif）」とは絶対的なものにアクセスできると主張するあらゆる思考のことであり，「形而上学（métaphysique）」とは理由律を介しての絶対的なものへのアクセスを主張するあらゆる思考のことである（Meillassoux, 2006a=2016: 63）．こういう思弁的な実在論（唯物論）の考え方が，いわゆる科学的な言説のベースと重なってくることは納得がいく．そこでは相関的循環が克服されるにいたるのである．

　とくにメイヤスーが着目するのは，「祖先以前的言明（énoncé ancestral）」である．たとえば，宇宙の起源が135億年前であるとか，45億年あまり前に地球が形成された，とかいった科学的言明である．ホモサピエンス誕生以前についてのこういう言明は，ビッグバン理論や放射線年代測定などの技術から得られるのだが，相関主義を文字通りにとれば，不思議なものとも言える．あくまで人間という存在を前提とし，関係論的に宇宙（世界）が現れる，というのが相関主義の考え方だからだ．ゆえに相関主義にもとづく現代哲学者なら，より

第 8 章　人工知能は自分の世界を生きられるか　169

厳密な言明として「人間にとっては 45 億年あまり前に地球が形成された」と
語るはずなのである．しかし，メイヤスーはそうではなく，科学者や一般人が
普通に考えるように，あくまで人間と無関係な事実として「45 億年あまり前に
地球が形成された」と語るための論証を試みるのである．

　前述のように，宇宙（世界）のありさまがかくかくしかじかのようになって
おり，それ以外のようになっていないことを「事実」として認めるためには，
それなりの必然的な「理由」があるというのが従来の形而上学的な考え方であ
る．科学者や多くの一般人も，少なくとも部分的にはこの理由律を認めるだろ
う．ところが，理由律を一切認めず，事実は単なる「偶然」であるというのが，
メイヤスーの主張なのである．何の理由もなく偶然に宇宙（世界）はそうなっ
ているのであり，むしろそれこそが絶対的なのだと主張する．強い相関主義は
物自体を思考しえないと論じたが，思弁的実在論では「絶対的な事実性」によ
ってカントと同じく無矛盾な物自体を思考できる，とメイヤスーは考えるのだ．

　思弁的実在論の眼目はつまり，「理由の究極的不在」に他ならない．これに
よって神のような必然的存在を退けることができる．かくして，「いかなるも
のであれ，しかじかに存在し，しかじかに存在し続け，別様にならない理由は
ない．世界の事物についても，世界の諸法則についてもそうである．まったく
実在的に，すべては崩壊しうる．木々も星々も，星々も諸法則も，自然法則も
論理法則も，である」という有名な主張がなされるのである（Meillassoux,
2006a=2016: 94）．

　だが，ここで一つ問題が生じる．もし，宇宙（世界）がまったく必然の理由
なく「偶然」にそうなっているなら，いったいなぜ宇宙（世界）の様相は安定
しているのだろうか．様相があまり変化せず，安定しているからこそ，科学者
は自然法則を探究でき，これにもとづく技術も人間生活に応用できるのである．
自然法則が偶然であり，一瞬後にも変化しうるというメイヤスーの議論を，科
学者も一般人もやすやすと受諾はできない．本来，理由律（因果的必然性）と
いうのは，宇宙（世界）の安定性を説明するためのものと考えることもできる
のだ．

　メイヤスーは，この難問を，「潜勢力（potentialité）」と「潜在性（virtualité）」
との区別によって説明しようとする．潜勢力とは，「与えられた法則の条件下

にある可能的なものどもからなる索引づけられた集合のなかに含まれている，現実化されていない事象のこと」である．端的には，サイコロを振るような確率的な事象のことであり，数学的確率にしたがって，運とともに出現する「サイコロの目」のようなものだ．一方これに対して潜在性とは，「可能的なものどもによって予め構築されたいかなる全体によっても支配されない生成のなかで創発する，あらゆる事象集合の性質」のことである（Meillassoux, 2006b=2014: 88）．メイヤスーが「偶然性（contingence）」と呼ぶのは後者と関連しており，前者のような「運（hasard）」ではない．すなわち思弁的実在論における偶然性とは，「それ自体は事象集合からなる集合の事象とはならないような（そして，ある索引づけられた集合に属する事象からなるのではない）索引づけられた事象集合の性質」に他ならない．平たくいえば，前者は予め存在している事象群のなかから確率的な運によって「現実化」する事象であるのに対し，後者は以前に存在せず，まったく新しく突発的に「生成」される事象，ということになる．

　もし，自然法則が潜勢力に支配されているなら，つまり自然法則が確率的な運にもとづいて選ばれるとするなら，太古以来，この宇宙（世界）が安定しているという事実は信じがたくなる．もっと頻繁に自然法則は変化し，それとともに宇宙（世界）のありさまは変わるはずだろう（このときデヴィッド・ヒューム（David Hume）が提起した「自然法則の恒常性についての問い」を因果的必然性なしに解くのは難しくなる）．だが，自然法則が潜在性のもとにあるなら，話は別だ．大切なのはこのとき，宇宙（世界）のありさまの可能性の全体は無限に広がっていく，ということである．事象の可能性を全体化できない，というテーゼを，メイヤスーは「ある集合の冪集合（部分集合すべてを集めた集合）の濃度は元の集合より高い」という，数学者カントールの無限集合理論から引いている．だから，自然法則が安定しているからといって，ただちに必然性と結びつけることはできない．自然法則はまったく偶然に成り立っているとも考えられるのである．以上のようにして，思弁的実在論は，物自体からなる宇宙（世界）が，人間と関わりなく，まったく偶然で理由のない「事実」として出現していると論じるのである．

第 8 章　人工知能は自分の世界を生きられるか　171

3. 思弁的実在論は汎用人工知能の根拠となるか

3.1　論理学と科学技術

　以上のようなメイヤスーの思弁的実在論は，哲学的には非常に興味深いものと言えるだろう．しかし，かなり野心的な議論であり，現代哲学の専門家からはさまざまな反論が寄せられるだろうし，ここで哲学分野の専門的議論の詳細について立ち入るつもりはない（たとえば，Gabriel & Žižek, 2009）．本章では，純粋な哲学からやや離れた，情報をめぐる学問的地点から，メイヤスーの議論の意義を探っていきたい．

　まず，思弁的実在論は数学を絶対的なものと位置づけ，ゆえに数学にもとづく科学的探究が人間から独立した言明を生み出せると考えているようだが，これは果たして妥当だろうか．数学の定理はたしかに論理的な整合性を持っているように見えるが，むしろメイヤスーの主張の重点は「論理学の絶対性」にあると考えられる（前述のように「論理法則も崩壊しうる」と述べているが，これを文字通りとれば，メイヤスーの議論そのものが無意味になるだろう）．ここで忘れてはならないのは，かつて 20 世紀初めの論理主義全盛期に，数学者ダーフィット・ヒルベルト（David Hilbert）らが，数学基礎論において，数学を論理学に包含しようと試みたことだ．なぜなら，無矛盾な論理の展開こそもっとも正確な思考だと考えたからである．具体的には論証，つまり述語論理記法を用いた形式的ルールにもとづく記号操作によって，数学が構築されるというのである．コンピュータの理論的基礎づけをおこなった数学者アラン・チューリング（Alan Turing）もジョン・フォン・ノイマン（John von Neumann）も，数学基礎論の研究者であり，論理処理を高速実行する記号操作機械であるコンピュータは，まさに「思考機械」として誕生したのである．現代の人工知能も思想系譜上はただしくこの延長上にある．

　だが，ヒルベルトの計画が 1930 年代にクルト・ゲーデル（Kurt Gödel）の不完全性定理によって挫折し，チューリングの停止問題もコンピュータの計算の限界を示してしまったことは周知の通りだ．現在では，論理的な証明はたしかに検証として重要なものの，数学の研究自体はかなり人間的／感覚的なものだと考える数学者が増えてきた．実際，歴史的に見れば，数学というのは人間

の生活のなかで次第に形成されてきたのである．自然数から始まって，ゼロや負数をふくむ整数，小数，無理数をふくむ実数，そして虚数をふくむ複素数へといたる数概念の拡大発展は，実践的必要からなされてきたのであり，数学が天下りの論理体系などではないことを示している．

　さらに，近代的な自然科学が数学的体系をベースにしているというのは，半面の真理にすぎない．むしろ，近代科学とは，「自然は崇高な目的をもっており，理性にもとづく純粋数学が美しい真理をもたらす」という古代以来の西洋の自然哲学を批判し，実験にもとづく実証作業と仮説検証によって，数学モデルへの盲信を克服したことから誕生したとも言えるのである（Weinberg, 2016）．科学研究に従事した者なら，さまざまな仮説が数学的な論理だけでできているのではなく，曖昧さや推量にもとづく言明を多くふくんでいることに賛同するはずだ．だからこそ反証によって次々に仮説が覆され，新たな仮説が生まれて科学が進歩していくのである．

　論理体系と実験的な科学技術のあいだのこの裂け目は，人工知能の歴史を振り返るといっそうはっきりしてくる．コンピュータが実用化された直後の1950年代には，「人間のような理性をもって思考する論理操作機械」の万能性を信じる，人工知能の第一次ブームがおこった．たが，実際にはゲームやパズルなど，論理だけで解決できる「玩具のような問題（toy problem）」しか扱えず，現実問題の解決にはほとんど役に立たなかったといってよい．外国語を翻訳したり，医学的な診断を下したりといった現実問題には，既存の「知識」にもとづいて推論することが不可欠となる．そこで，1980年代になると，多くの知識命題を自動的に組み合わせて結論をみちびく人工知能が発案された．これが第二次人工知能ブームである．とくに医者や弁護士などのエキスパートのかわりに，専門知識を駆使して自動推論をおこなうエキスパートシステムは世界的な注目を集めた．

　しかし，知識命題は，たとえ表面的には述語論理のような形式性をもっているとしても，内容的／意味論的には曖昧さをふくまずにはいない．「鳥は飛ぶ」といった自明に見える知識命題も，ダチョウや鶏を考えれば絶対に成立するとは言えないのである．したがって，知識命題を論理的に組み合わせて推論し，自動的に結論をみちびくエキスパートシステムの出力を100パーセント信頼す

第 8 章 人工知能は自分の世界を生きられるか　173

ることは困難であり，責任問題も絡んで，現実問題への適用は限られたものになる他はなかった（たとえば，細菌性血液感染症の自動診断をおこなうエキスパートシステム MYCYN は，かなりの精度で正解を導く能力をもっていたにもかかわらず，医療現場では用いられなかった）．

3.2　統計的人工知能の根拠

仮に論理的矛盾を多少ふくんでもよく，数十パーセントの信頼度でよいというなら，人工知能システムの出力はそれなりに有用である．外国語の自動翻訳ソフトの出力は，文脈によって全くの誤訳の可能性もあるにせよ，統計的にだいたい合っていれば，海外観光客向けの簡単な案内などで役にたつこともあるだろう．こういう考え方が，第 1 章でもふれた 2010 年代の第三次人工知能ブームにつながった．すなわち，第一次と第二次ブームの中心概念がそれぞれ「論理」と「知識」だったとすれば，第三次ブームの中心概念は「統計（学習）」である．たとえば，手書き文字の認識ソフトにおいては，最初は正答率が低くても次第にソフトが学習して正答率を高めていけば，古い文書のデジタル化などの実用面で非常に役に立つと言ってよい．

前述のように，2010 年代の第三次人工知能ブームを巻き起こしたのは，画像などのパターン認識における「深層学習」という技術である（岡谷，2015 や神嶌（編），2015 など）．その眼目は，外部から人間が対象パターンの特徴を与えてコンピュータが学習していくのではなく，コンピュータが自ら特徴を抽出することにある．膨大な画像データのなかから，猫の顔が写っている画像データを識別する能力は，「猫という概念」をコンピュータが自ら獲得したのだという説が唱えられ，汎用人工知能への道が開かれたという声があがったのである．だが，この深層学習技術も，実は，複雑な統計処理をしているにすぎず，コンピュータが学習する「概念」が人間社会の概念と一致する保証はまったくない．あくまでパターン認識技術の効率化におけるブレイクスルー以上のものではないのである（西垣，2016）．

統計学や確率論は，それ自体では，論理的な厳密さをもった理論である．だが，いったんそれが現実問題に応用されるとき，決定論的厳密さをもつ結果ではなく，たかだか「どの程度確からしい」といった数値的な目安をあたえるこ

とになる．第一次ブームのように中心概念が論理であれば，メイヤスーの思弁的実在論が汎用人工知能の根拠となると言えるかもしれない．だが，中心概念が統計（学習）である第三次ブームにおいては，メイヤスーの議論を汎用人工知能の根拠として位置づけることの困難さは増す．言い換えれば，人間から独立して人間と同じように（論理的に）思考する存在である汎用人工知能の可能性を思弁的実在論によってただちに哲学的に肯定することは，たとえ分析対象が決定論的ルールにしたがう場合でも難しくなるのである．

　メイヤスーは，人間が誕生する以前の宇宙（世界）のありさまに関する祖先以前的言明を持ち出して，科学者が事実に直接アクセスしていると述べ，相関主義を批判する．だが，情報学的には，「45億年あまり前に地球が形成された」という言明も，現在の測定技術にもとづく一つの仮説にすぎず，10年後に変わってしまう可能性も皆無ではないだろう．その意味では，宇宙（世界）の始源や成り立ちを説明する昔の神話とそれほど違いはないのである．つまり，天文学者の仮説が一つの権威として現代社会に受容されているだけの話で，未来永劫なりたつ絶対的論理性をもった言説とはいえない．

　ネオ・サイバネティックなオートポイエーシス理論では，個々の心的システムが自らの主観的な視点から宇宙（世界）を観察し構成すると考えるが，このときその言説が客観性をもつ根拠は，その観察を他の視点からも観察しうるという，第1章でのべた「二次観察」である．とりわけ基礎情報学では，個々の心的システムの上位に位置する社会システムにおいて，個々の言説をもとに織りなされるコミュニケーションにもとづいて当該社会システム独特の観察が生まれ，宇宙（世界）が構成されると考える．具体的にはたとえば，個々の天文学者の仮説が学会発表での交流や相互批判をへて，次第に専門的な権威ある天文学の学説として認められていく．むろんそこでは論理性と実証性が重要視されるが，将来時点で反駁可能な仮説であることに変わりはない．以上のように，ネオ・サイバネティックな基礎情報学は，強い相関主義と相性がよいのであり，「人間にとっては45億年あまり前に地球が形成された」というのが基礎情報学的に正しい言明ということになる．おそらく思慮深い科学者もこの議論に賛同することだろう．

　さらに，偶然性を強調する思弁的実在論が，自然法則を探究する研究や自然

法則にもとづく科学技術の研究を，ある意味では徹底的に否定し，その動機を損なう内容の議論であることも，ここで確認しておかなくてはならない．確かにメイヤスーは数学的なモデルによって物自体にアクセスできると論じる．だが同時に，宇宙（世界）がこのようになっているのはまったく偶然であり，本質的な理由（因果性）などはなく，自然法則も次の瞬間には変わり，すべてが崩壊するかもしれないと述べるのだ．科学者は通常，不変の法則を探究しており，技術者はそれにもとづいて事物の有効利用を図っている．とすれば，このメイヤスーの議論はそういう営為の根拠を突き崩すものではないだろうか．

ここでメイヤスーが「自然（nature）」を「物質（matter）」から区別していることに注目しなくてはならない．自然とは「一つの世界秩序」であり，それは前述の「潜勢力」と結びついている．一方，物質とは始原的な存在論的秩序である．「異なる法則によって統御された無限個のあるいはそれ以上の物質的な世界を想像すること」ができるとメイヤスーはのべる（Meillassoux, 2012=2015: 141）．物質という概念は，「潜在性」の広大な可能性を背景にしているのだ．この点が，あくまで自然を対象とし，たかだか「潜勢力（確率的な可能性）」しか論じない科学技術と根本的に異なる点だと言えるだろう．

4. 絶対不可知という闇

4.1 閉鎖性ゆえの不可知性

ネオ・サイバネティクスは，生物を APS（autopoietic system）というモデルでとらえる．基礎情報学で用いる HACS モデルも APS の一種である．第 1 章でのべたように，APS の機能的特色は，システムの構成素を構成素が創りあげる循環的な自己創出に他ならない．基礎情報学における APS の構成素は「コミュニケーション」だが，心的システムでは「思考」と呼ばれる．ただし，ここでいう「思考」とは，メイヤスーがのべるような「論理的無矛盾性」を持ってはいない．思考は論理命題を組み合わせて推論するばかりではなく，身体をベースにした情動や矛盾した感情表現をも包含しつつ，心のなかの宇宙（世界）イメージを構成しているのである．サイバネティクスでは生命体の機能に着目するので，リアルタイムで直接体験される「知覚」だけでなく，「記憶」が重

要な素材となって思考を形成する.

　もし人間の心的システムが直接体験される知覚だけで構成されるなら，人間の誕生以前についての祖先以前的言明はメイヤスーの言うように確かに奇妙な感じがする．だが，記憶のなかに共同体で通用している社会的記憶が含まれているとすれば，祖先以前的言明は一種の神話であり，決して不思議なものではない．われわれ人間は，直接の知覚体験やその個人的記憶ばかりでなく，社会的な情報から，宇宙（世界）のイメージを創りあげるのである．「45億年あまり前に地球が形成された」というのは，現在，科学者共同体で共有されている仮説にすぎず，数学的真理によって天から降ってきたものではない．とすれば，祖先以前的言明にもとづくメイヤスーの議論は説得力を欠く.

　それでは，思弁的実在論は単なる哲学的議論にとどまり，汎用人工知能の実現性や基礎情報学の APS をめぐる議論に何らかの示唆を与えることはできないのだろうか？──いや，決してそうではないのである．以下のべるように，思弁的実在論は，そこに斬新な二つの論点を付け加える議論といえるのだ.

　第一は，生物と機械の相違についてである．基礎情報学が両者を峻別する根拠は，外界からの刺激（入力）に対するシステムの反応（出力）のあり方が異なることである．機械は他律システムであり，処理ルール f は外部から規定されているから，入力に対する出力は原理的に予測可能である．たとえシステム内部の処理ルール f を動的に変えていく学習機械であっても，そのルール変更の仕方を定める高次の汎関数 F が予め規定されている．たとえ複雑な汎用人工知能であっても，わかりにくいだけで例外ではない．一方，生物は自律システムであり，自ら自己準拠的（循環的）に処理ルールをつくって作動している．この作動こそが「構成素を構成素が創りあげる循環的な自己創出」そのものなのだ．外部の観察者には，処理ルール f はせいぜい推定できるだけで，厳密に記述することはできない（だから医者や生物学者は研究を続けなくてはならないのだ）．さらに，汎関数 F となると，見当をつけるのさえ難しい．過去と大きく異なる新たな環境におかれた生物が，いかに反応して生きていくかは各時点で刻々と変化するので，予測不可能なのである．あえて言えば，生物の反応や行動には習慣性はあるにせよ，厳密なルールとしての f や F が存在するのかどうかさえ外部観察者には明確ではない．この点は，過去によって作動を決定

されている機械との根本的な相違といえる.

　要するに，APS の「閉鎖性」という性質は，もし f や F という概念を用いるなら，それらはシステム内部からしかとらえられず，システム外部の観察者からは推定しかできない，という意味に他ならない．しかし一方，f のみならず F のようなルールは存在しており，次の瞬間にも生物の反応はいかようにも創発的に変化しうると考えることもできるのだ（この点からも，第 1 章でふれたように，「APS は自己循環系なので創発現象とは無縁だ」という批判が的外れであることが分かるだろう）．さて，この生命反応の不可知性／予測不可能性こそ，まさにメイヤスーのいう「偶然性」と対応していると言えないだろうか．そこには，確率的に計算できる運（潜勢力）とは異なる，本質的な不可知性にもとづく偶然性（潜在性）の巨大な闇が広がっている．理由などは存在しない．理由律の不在は，基礎情報学的に言えば，「観察者である人間やその集団にとって，理由なく変化する」という意味に他ならない．われわれ人間が未来を決して完璧には知り得ないという事実を，思弁的実在論は論証したとも考えられる．

4.2　情報化がもたらす恐怖の死

　第二の論点は，人間（生物）の死に関連しており，さらに興味深いものだ．メイヤスーの生命論はアンリ・ベルクソン（Henri Bergson）のイマージュ論をベースにしており，かなり複雑で込み入ったものだが，ここでは，本章に関係する限りで要点を簡潔にまとめておこう（詳しくは Meillassoux, 2007=2013 を参照）．思弁的実在論は唯物論であるが，そこで多様な「物質」は相互にコミュニケートしあうものとされている．このコミュニケーションは「流動（flux）」と呼ばれる．流動とはあらゆる事物のあいだの「紐帯」なのであり，それらを遮断することもできる．とりわけ，生物はその身体によって，多様な流動を遮断することによって生きている．つまり生物とは，「（流動の）複数の遮断から成る非連続的な環（ループ）」であり，「流動の局所的希薄化（raréfaction locale des flux）」として定義されるのである（Meillassoux, 2007: 87）．やや難解な用語だが，ここで流動を宇宙（世界）に充満する豊富な情報の流れとし，その中から生物が自らにとって意味のあるものを選び出している，と考えれば分か

りやすいだろう.

　ここで二種類のタイプの生命的生成が出現する. 第一タイプは「反動的生成 (devenir réactif)」であり, 第二は「能動的生成 (devnir actif)」だ. 両者はそれぞれ, 生物という不連続な環の狭窄と拡大に対応している. 平たくいえば, 反動的生成とは生物特有の「外界に対する無関心」を増すことであり, 一方, 能動的生成とは逆に, これを減少させて「外界に対する関心」を高めることに他ならない. 確かに大抵の生物は自己循環的に自らを創っているから, 習慣性をもって生きつづける保守的な存在だと見なすことはできるだろう. 一方, 特別な生物である人間は, 外界に対する関心をつねに増大させ, 革新的に生を形成していく存在だと位置づけることができる. 近代の凡庸な進歩主義者なら, このメイヤスーの議論から, 「能動的生成をおこなう知的生物であるホモ・サピエンス」を読み取り, それに肯定的な評価を与えるのではないだろうか. 汎用人工知能も, 能動的生成の延長上に出現するというわけだ.

　ところが, 思弁的実在論においては, 生物の死に関する奇妙な議論が展開されるのである. 生物には「二つのタイプの死」があるとメイヤスーはのべる. 両者はそれぞれ, 反動的生成と能動的生成と結びついている. まず前者のタイプの死は, 外界に対する絶えざる無関心によって, 環そのものが次第に小さくなり, 漸進的に消滅していくというものだ. これは生物が老い衰え, 穏やかに死んでいくありふれた出来事と言えるだろう. 問題は後者のタイプの死である. 実はこちらこそが, 現代人が直面しているもっとも恐ろしい悲劇に他ならない. 能動的生成と結びついた死とは, 外界への関心がとめどなく増大し, いわば環そのものが秩序をうしなって発散してしまうような死, 「無限の狂気に匹敵」するような死のことである. 「全宇宙の, ありとあらゆる運動, ノイズ, 匂い, 風味, 光が——ありとあらゆる事物の凄まじく騒々しい喧噪が駆け巡るかのごとく——我々に, ある瞬間に一度に訪れるとしたら, そのとき, 我々の生命 (vie) はどのようなものであるのだろうか」とメイヤスーは問いかける. このとき死とは「存在のおぞましい過剰」として理解されるものになってしまう. つまり, 能動的生成と結びついたクリエイティブな死とは「コミュニケーションの絶え間ない流れのうちで呆けること」なのだ (Meillassoux, 2007=2013: 166-167).

　このようにメイヤスーは, クリエイティブな死を, 通常の生物的な死よりも

悪しきものと位置づけることになる．あらゆる情報を高速処理するビッグデータ技術が実用化され，汎用人工知能が人間の知性の輝かしい未来として語られがちな今日，このメイヤスーの衝撃的な議論は，情報社会をラディカルに考察する人々にとって，きわめて示唆するものが大きいのではないだろうか．

参考文献

Dreyfus, H. L. (1979) *What Computers Can't Do (Rev. Ed.)*, Harper & Row.（黒崎政男・村若修（訳）（1992）『コンピュータには何ができないか』産業図書）

Gabriel, M. & S. Žižek (2009) *Mythology, Madness, and Laughter*, Continuum.（大河内泰樹・斎藤幸平（監訳）（2015）『神話・狂気・哄笑』堀之内出版）

Kurzweil, R. (2005) *The Singularity is Near*, Viking Adult.（井上健（監訳）（2007）『ポストヒューマン誕生』NHK 出版）

Meillassoux, Q. (2006a) *Après la Finitude*, Seuil.（千葉雅也・大橋完太郎・星野太（訳）(2016)『有限性の後で』人文書院）

Meillassoux, Q. (2006b) Potentialité et Virtualité, *Failles, 2*, Nous.（黒木萬代（訳）（2014）「潜勢力と潜在性」『現代思想』42(1): 78-95）

Meillassoux, Q. (2007) Soustraction et Contraction, *Philosophie, 96*, Minuit: 67-93.（岡嶋隆佑（訳）（2013）「減算と縮約」『現代思想』41(1): 144-170）

Meillassoux, Q. (2012) There is Contingent Being independent of us, and this Contingent Being has no reason to be of a Subjective Nature, Dolphijn R. & I. van der Tuin (eds.) *New Materialism, Chap.4 Interview with Quentin Meillassoux*, University. Michigan Library.（黒木萬代（訳）（2015）「思弁的唯物論のラフスケッチ」，『現代思想』，43(10): 132-143）

西垣通（2016）『ビッグデータと人工知能』中央公論社

岡谷貴之（2015）『深層学習』講談社

神嶌敏弘（編）・人工知能学会（監修）（2015）『深層学習』近代科学社

Searle, J. R. (1984) *Minds, Brains and Science*, Harvard University. Press.（土屋俊（訳）（1993）『心・脳・科学』岩波書店）

Weinberg, S. (2016) *To Explain the World*, Penguin.（赤根洋子（訳）（2016）『科学の発見』，文藝春秋社）

Winograd, T. & F. Flores (1986) *Understanding Computers and Cognition*, Ablex.（平賀譲（訳）（1989）『コンピュータと認知を理解する』産業図書）

執筆者紹介
（執筆順）

西垣　通（にしがき・とおる）［編者／まえがき，第 1 章，第 8 章］東京経済大学
コミュニケーション学部教授，東京大学名誉教授．主要著書に，『AI 原論』（講
談社選書メチエ，2018 年），『ネット社会の「正義」とは何か』（角川選書，2014 年），
『続 基礎情報学』（NTT 出版，2008 年），ほか．

柴内康文（しばない・やすふみ）［第 2 章・第 3 章］東京経済大学コミュニケーシ
ョン学部教授．主要著訳書に『デジタル情報社会の未来（岩波講座 現代第 9 巻）』
（共著，岩波書店，2016 年），『社会心理学研究の新展開』（分担執筆，北大路書房，
2014 年），パットナム『われらの子ども――米国における機会格差の拡大』（翻訳，
創元社，2017 年）ほか．

北村　智（きたむら・さとし）［第 2 章・第 3 章］東京経済大学コミュニケーショ
ン学部准教授．主要著書・論文に『ツイッターの心理学――情報環境と利用者行
動』（共著，誠信書房，2016 年），『日本人の情報行動　2015』（分担執筆，東京
大学出版会，2016 年），S. Kitamura (2016). "Implications of urbanism for the use
of local news media," *Information, Communication & Society*, 19(11)，ほか．

河島茂生（かわしま・しげお）［第 4 章］青山学院女子短期大学現代教養学科准教授，
理化学研究所革新知能統合研究センター客員研究員，AI ネットワーク社会推進
会議環境整備分科会・影響評価分科会構成員．主要著書に，『情報倫理の挑戦』
（編著，学文社，2015 年），『デジタルの際』（編著，聖学院大学出版会，2014），『基
礎情報学のヴァイアビリティ』（共編著，東京大学出版会，2014 年），ほか．

渡邊淳司（わたなべ・じゅんじ）［第 5 章］NTT コミュニケーション科学基礎研究
所主任研究員（特別研究員）．主要著訳書に『情報を生み出す触覚の知性――情
報社会をいきるための感覚のリテラシー』（化学同人，2014 年，第 69 回毎日出
版文化賞），『いきるためのメディア――知覚・環境・社会の改編に向けて』（編著，
春秋社，2010 年），カルヴォ，ピーターズ『ウェルビーイングの設計論――人が
よりよく生きるための情報技術』（共監訳，BNN 新社，2017 年），ほか．

大井奈美（おおい・なみ）［第6章］山梨英和大学人間文化学部専任講師．主要論文・翻訳に「ネオ・サイバネティクスと文学研究——ラディカル構成主義派とルーマン社会理論派の射程とその拡張について」（『思想』1035号，2010年），「宗教改革をささえた「ハード」と「ソフト」——アナログとデジタルの架橋」（『山梨英和大学紀要』16巻，2018年），クラーク，ハンセン「ネオサイバネティックな創発——ポストヒューマンの再調律」（翻訳『基礎情報学のヴァイアビリティ』東京大学出版会，2014年所収），ほか．

原島大輔（はらしま・だいすけ）［第7章］東京大学大学院総合文化研究科特任研究員．主要論文に「ダークインフォメーション」（『現代思想』45(22)，2017年），「予測と予知，技術的特異点と生命的特異点」（『現代思想』43(10)，2015年），「閉鎖かつ開放」（『情報メディア研究』13(1)，2015年），ほか．

人名索引

あ 行

伊東静雄　109

ヴァレラ，フランシスコ（Varela, Francisco）
　3，7，62，141，144，153，156

ウィーナー，ノーバート（Wiener, Norbert）
　3，5，61，84

ヴィトゲンンシュタイン，ルートヴィヒ
　（Wittgenstein Ludwig）　163

ヴェイユ，シモーヌ（Weil Simone）　131-
　32

大黒岳彦　73

か 行

カント，イマヌエル（Kant, Immanuel）　6，
　68，161，164-66，169

クーリー，C. H.（Cooley, C. H）　23

クラーク，ブルース（Clarke, Bruce）　9

グレーザーズフェルド，エルンスト・フォン
　（Glasersfeld, Ernst von）　4

ゲーデル，クルト（Gödel, Kurt）　171

さ 行

サール，ジョン（Searle, John）　13

ジェームズ，ウィリアム（James, William）
　22-23

シャノン，クロード（Shannon, Claude）　8，
　12，84

シュミット，ジークフリード（Schmidt,
　Siegfried）　4

スロヴィック，ポール（Slovic, Paul）　69，
　71

セリグマン，マーティン（Martin Seligman）
　87

た 行

竹之内禎　61

タットマン，レイチェル（Tatman, Rachal）
　76

団まりな　10-11

チェン，ドミニク（Chen, Dominick）　154

チューリング，アラン（Turing, Alan）　171

デカルト，ルネ（Descartes, René）　166

ドゥルーズ，ジル（Gilles Deleuze）　167-
　68

な 行

中村一郎　125

ニーチェ，フリードリヒ（Nietzsche Friedrich）
　167

西垣通　41-42，62，107，109，139-40，
　144，147，153，155-56

ノイマン，ジョン・フォン（Neumann, John
　von）　3-4，84，171

ノエルノイマン，E.（Noelle-Neumann, E.）
　24-25

は 行

ハート，ハーバート（Hart, Herbert L. A.）
　68

バーネット，フランシス（Burnett, Frances
　E. H.）　119

ハイデガー，マルチン（Heidegger, Martin）
　163

バタイユ，ジョルジュ（Bataille, Gerorges）
　112

バルト，ロラン（Barthes, Roland）　133

ハンセン，マーク（Hansen, Mark B. N.）　9，
　140

ヒューム，デヴィッド（Hume, David）　170

ヒルベルト，ダーフィット（Hilbert, David）
　171

フィスク，S. T.（Fisk, S. T.）　21

フェルスター，ハインツ・フォン（Foerster,
　Heinz von）　4-7，62

フッサール，エトムント（Husserl, Edmund
　G. A.）　163

フレデリクソン，バーバラ（Barbara

Fredricksin） 87，91

フロリディ，ルチアーノ（Floridi, Luciano） 61

ベルグソン，アンリ（Bergson, Henri） 177

ヘイルズ，キャサリン（Hayles, Katherine） 8

ヘッケル，エルンスト（Haeckel, Ernst） 10

ま　行

マズロー，アブラハム（Maslow, Abraham Harold） 110-11

マトゥラーナ，ウンベルト（Maturana, Humberto Romesín） 4，62，141

三浦綾子 115-16

メイヤスー，カンタン（Meillassoux, Quentin） 161，164-65，167-71，174-79

メイヤロフ，ミルトン（Mayeroff, Milton） 123

モートン，ティモシー（Marton, Timothy） 96

や　行

ユクスキュル，ヤーコブ・フォン（Uexküll, Jakob von） 5，9，88

ら　行

ライプニッツ，ゴットフリー（Leibniz, Gottfried） 166

リベット，ベンジャミン（Libet, Benjamin） 92

ルーマン，ニクラス（Luhman, Niklas） 4，7

わ　行

渡邊淳司 77

事項索引

あ 行

アサーション　117
アナウンスメント効果　27-28
アロポイエティック・システム（allopoietic
　　system）　7, 19, 26, 61, 63-64, 68,
　　73
アルゴリズム嫌悪　71, 75
アンビエンス　96
意識（consciousness）　14
　　——システム　89, 91-94, 97, 101
意味　12
　　——解釈　15
ウェルビーイング　83, 85-87, 89-90
運（hazard）　170
エキスパートシステム　172
オートポイエーシス（autopoiesis）　4, 7,
　　10, 63, 77, 141, 164, 174
オートポイエティック・システム　→ APS

か 行

階層関係　65
階層的自律コミュニケーション・システム
　　→ HACS
階層的自律性（——自律的）　139-40, 142,
　　144-46, 147-53, 156
神　115, 118-19, 121, 134
過労死　114
観察（observation）　20, 24-25, 30, 37,
　　109, 125, 131-32, 135
　　——記述　41-42, 139, 141, 146, 148,
　　150
　　——者　7, 64, 67, 142-46
　　——法（observation method）　37-38,
　　42-43
間主観性　6
環世界　5, 9, 88
基礎情報学　3, 12, 15, 19-20, 37, 41,
　　48, 56, 62, 65, 72, 77, 83, 88, 99-100,

107-08, 116, 122, 141, 163, 174
機能的分化（funktionale Differenzierung）社
　　会論　4, 7, 26
基本的帰属のエラー　30
客観的観衆　39, 145
偶然，偶然性（contingence）　169-70, 174,
　　177
クオリア　6
ケア（配慮）　123
　　——の倫理　65-67
経験的研究　37
計算社会科学　57
形而上学　166, 168
　　——的主観主義　167
ゲーミフィケーション（Gamification）　96
構成主義（constructivism）　6
　　——システム論　124
構造的カップリング　110, 130
公正世界信念　51, 53, 55
公的／私的自己意識　23
功利主義　68
コミュニケーション　144, 147, 153-56

さ 行

サイバネティクス　84
サイバネティック・パラダイム　4, 7, 12,
　　15
参加観察法　38
暫定的閉鎖系　140
自我意識　13-15, 161
思考可能　165-66
自己観察記述　46-47, 53, 153, 156
自己決定理論　86
自己受容　124
事実　168-69
　　——性　168-69
システム現象学　5
システム理論　109, 125, 127
自然　175

186　索　引

――法則　170, 174
自尊感情　50-51
実行可能性　147, 152
質的研究　39
質問紙法（questionnaire method）　40-41,
　45-47
思弁的実在論　161, 165, 168-71
社会システム　63-70, 72-75, 77
　――の観察　44-45, 50-51, 53, 55
社会心理学　19-21, 37
社会的アイデンティティ　24
社会的（実践的）自律性　15, 48, 145,
　148-51, 152, 154-57
シャノン情報理論　12
自由意思　14
主観性　39, 43-44, 46, 163
情報　12, 15, 108, 143, 152
情報処理パラダイム　3, 11, 15
情報的開放系　141-42, 147
情報的閉鎖系　141-42, 145-47, 149
情報哲学　61
情報伝達　12
情報倫理　61-62, 69
自律　149
　――系，システム　3, 20, 47, 141, 145,
　164, 176
自律性　9, 30, 49-50, 94, 139, 142-43,
　146
心音移入　99
身体・無意識システム　63, 95-99, 101
シンギュラリティ（技術的特異点）仮説
　11, 13, 161
人工知能　15, 61-63, 70-71, 74-75, 77,
　161, 163-64, 172
　専用――　161
　強い――　13, 15, 161
　弱い――　161
深層学習　173
心臓ピクニック　91
心的システム　63, 65-67, 69, 76, 89-90,
　99
　――の自己観察　43-45, 49, 51, 55
心理的無感覚　69

スコア社会　72
正義の倫理　65-66, 68
精緻化見込みモデル　22
生物的（理論的）自律性　15
政治的有効性感覚　51, 53-55
生命体　164
生命中心主義　107-08, 134
生命的自律性　48
生命力　118-19, 122, 129
　――中心主義　109, 119-21
責任　14-15, 95, 151
セルフモニタリング　23
潜在性（virtualité）　169, 175
潜勢力（potentialité）　169, 175
全体性　135
相関主義　164-65
　強い――　165
　弱い――　165
相関定期循環　165
創発（emergence）　8-9
贈与　112-13
祖先以前的言明　168, 174, 176
素朴実在論　5, 162
尊重　127

た　行

第三次人工知能ブーム　3, 13, 173-74
第三者効果（third-person effect）　20, 28-
　30, 37, 47, 56
多元的（集合的）無知　25-26
他律性　49-50, 142, 149
他律系，他律システム　3, 20, 47, 141,
　145, 176
知覚意識　14
超越　99-100
超人工知能　4, 11, 13
超未来式体感型公衆電話　97
沈黙の螺旋理論　25-29
敵対的メディア認知　28
道徳的共同体　67

な　行

ナッジ（Nudge）　94

二次観察　5-6，174
二次サイバネティクス　5
二重過程モデル　21-22
"人間―機械"複合系　13，65，70，140，
　　145，147，150，152，155
ネオ・サイバネティクス　4-5，10，62，77，
　　110，163，175
能動的生成　178

は　行

反動的生成　178
汎用人工知能　3，13
ビッグデータ　57，59，70，73-74，76
非律的　142-43，146
フィールドワーク　38，43
フォールス・コンセンサス（総意誤認）効果
　　25，26
不可知性　143，145-46
物質　175，177
物質的開放　141-42，149
物質的閉鎖性　141-42，146
文学システム論　5
閉鎖系　8，12，88-89，110
閉鎖性　9，141，177
ポジティブ・コンピューティング（Positive
　　Computing）　85-87，91，100
ポストヒューマン　8，11-12

ま　行

マイクロ―マクロ過程　19，24

マインドフルネス　85，87，95-96
マスメディア　19-20，26-29，47-48，56
無気力　114
滅私奉公　113，115，121
メディア　140，145，147，153-56
面接法（interview method）　37，39，41，
　　43-46
物自体　163

や　行

有用性　107，112-13
世論　20，25-26

ら　行

ラディカル構成主義心理学　4
流動（flux）　177
理由律　166
倫理　140，155-56
ローゼンバーグの尺度　50，55

A～Z

AI ネットワーク社会推進会議　74
APS（autopoietic system）　7，10，13，42，
　　63-64，66-67，69-70，77，88，175-77
Calm Technology　84
HACS（階層的自立コミュニケーション・シ
　　ステム）12-15，19-21，26，30，116，139-
　　40，144，147-48，150，153-56，175
PERMA 理論　87，91
Yu bi Yomu　94

本書の刊行にあたり下記の助成を受けた

> 2018 年度東京経済大学
> 学術研究センター
> 学術図書刊行助成

基礎情報学のフロンティア

人工知能は自分の世界を生きられるか？

2018 年 8 月 29 日　初　版

［検印廃止］

編　者　西垣　通

発行所　一般財団法人　東京大学出版会
　　　　代表者　吉見俊哉
　　　　153-0041 東京都目黒区駒場4-5-29
　　　　http://www.utp.or.jp/
　　　　電話 03-6407-1069　Fax 03-6407-1991
　　　　振替 00160-6-59964

組　版　有限会社プログレス
印刷所　株式会社ヒライ
製本所　牧製本印刷株式会社

©2018 Toru Nishigaki, Editor
ISBN 978-4-13-056116-7　Printed in Japan

JCOPY 〈(社)出版者著作権管理機構 委託出版物〉
本書の無断複写は著作権法上での例外を除き禁じられています．複写される場合は，そのつど事前に，(社)出版者著作権管理機構（電話 03-3513-6969，FAX 03-3513-6979，e-mail: info@jcopy.or.jp）の許諾を得てください．

西垣通・河島茂生・西川アサキ・大井奈美編
基礎情報学のヴァイアビリティ　　　　　　　　　　A 5・4400 円
ネオ・サイバネティクスによる開放系と閉鎖系の架橋

花田達朗
メディアと公共圏のポリティクス　　　　　　　　　A 5・4000 円

犬塚先
情報社会の構造——IT・メディア・ネットワーク　　A 5・3800 円

田中久美子
記号と再帰［新装版］——記号論の形式・プログラムの必然　A 5・3400 円

松田美佐・土橋臣吾・辻泉編
ケータイの 2000 年代——成熟するモバイル社会　　A 5・5400 円

橋元良明編
日本人の情報行動 2015　　　　　　　　　　　　　A 5・12000 円

新井紀子・東中竜一郎編
人工知能プロジェクト「ロボットは東大に入れるか」　A 5・2800 円

東京大学情報学環メルプロジェクト・日本民間放送連盟編
メディアリテラシーの道具箱——テレビを見る・つくる・読む　A 5・2500 円

ここに表示された価格は本体価格です．御購入の
際には消費税が加算されますので御了承ください．